Deutsch+Mathematik 1. bis 4. Klasse

Grundschul-wissen
zum Nachschlagen

Von Johanna Echtermann

Illustrationen von Petra Graef, www.petragraef.com

TESSLOFF

Vorwort

Liebe Schülerin, lieber Schüler,

in diesem Buch findest du all das, was du in Deutsch und Mathematik wissen musst – Begriffe, Regeln oder auch Rechenwege. Lies ein ganzes Kapitel oder suche im Stichwortverzeichnis am Ende des Buches ganz gezielt nach einem Begriff.

Oft gibt es für ein und dieselbe Sache verschiedene Begriffe – zum Beispiel deutsche und lateinische Bezeichnungen. Welche Begriffe verwendet werden, ist manchmal von Schule zu Schule unterschiedlich. Deshalb stehen in diesem Buch oft weitere Bezeichnungen in Klammern hinter einem Wort. Und auch im Stichwortverzeichnis sind die verschiedenen Bezeichnungen zu finden. So kommst du immer zu der Stelle im Buch, an der du nachlesen musst.

Ganz am Ende des Buches findest du einen Anhang mit allen Schulschriften – auch deine Schrift ist dabei!

Viel Spaß und Erfolg!

Inhaltsverzeichnis Deutsch

Wortbausteine 8

Wortarten
Nomen (Namenwörter, Substantive)
- 1 Was ist ein Nomen? 10
- 2 Für Nomen gibt es Oberbegriffe 11
- 3 Nomen haben einen Artikel 11
- 4 Nomen in der Einzahl (Singular) und Mehrzahl (Plural) 13
- 5 Zusammengesetzte Nomen 13
- 6 Die vier Fälle des Nomens 15
- 7 Pronomen (Fürwörter) 15

Verben (Tunwörter)
- 1 Was ist ein Verb? 18
- 2 Grundform (Infinitiv) und gebeugte Form 18
- 3 Die Personalformen des Verbs 19
- 4 Die Zeitformen des Verbs 20
- 5 Der Imperativ (Befehlsform) 22

Adjektive (Wiewörter)
- 1 Was ist ein Adjektiv? 22
- 2 Steigerungsformen von Adjektiven 23
- 3 Zusammengesetzte Adjektive 24

Adverbien (Umstandswörter) 25
Numerale (Zahlwörter) 26
Präpositionen (Verhältniswörter) 26
Konjunktionen (Bindewörter) 27

Satzarten
Aussagesätze 28
Fragesätze 28
Ausrufesätze und Aufforderungssätze 29

Satzglieder
Das Subjekt (Satzgegenstand) 30
Das Prädikat (Satzaussage) 32
Der Satzkern 33
Das Objekt (Satzergänzung) 34
Angaben zum Ort, zur Zeit, zur Art und Weise … 36

Inhaltsverzeichnis Deutsch

Rechtschreibung
Selbstlaute (Vokale) und Mitlaute (Konsonanten) **38**
Lange und kurze Selbstlaute **39**
Wörter mit e/ä, eu/äu, ei/ai **41**
Gleich klingende Mitlaute im Auslaut **42**
Wörter mit s, ss und ß **42**
Groß- und Kleinschreibung **44**
Worttrennung **46**

Zeichensetzung
Satzschlusszeichen **47**
Komma **47**
Wörtliche Rede **48**

Texte schreiben: Erzählungen
Erzählungen **50**
Erlebniserzählungen **54**
Reizwortgeschichten **56**
Nacherzählungen **57**
Fantasiegeschichten **57**
Bildergeschichten **58**

Texte schreiben: Sachtexte
Anleitungen **60**
Beschreibungen **61**
Berichte **61**

Texte lesen: Besondere Erzählformen
Märchen **62**
Fabeln **63**
Sagen **64**
Gedichte **65**

Inhaltsverzeichnis Mathematik

Zahlen
Unser Zahlensystem 68
Zahldarstellungen
    1 Der Zahlenstrahl 69
    2 Die Stellenwerttafel 70
    3 Die Hundertertafel 70
Nachbarzahlen 71
Gerade und ungerade Zahlen 72
Primzahlen 73
Quadratzahlen 73
Zahlen zerlegen 74
Zahlen runden 75
Römische Zahlen 77
Tabellen, Diagramme und Schaubilder 78

Rechnen
Die vier Grundrechenarten 81
Tauschaufgaben 82
Umkehraufgaben 83
Kernaufgaben 84
Nullaufgaben 84
Wichtige Rechenregeln 84
Halbschriftliche Addition 85
Schriftliche Addition 86
Halbschriftliche Subtraktion 90
Schriftliche Subtraktion 91
    1 Das Abziehverfahren 91
    2 Das Ergänzungsverfahren 96
Halbschriftliche Multiplikation 99
Schriftliche Multiplikation 99
Halbschriftliche Division 102
Schriftliche Division 103
Teilbarkeitsregeln 106

Inhaltsverzeichnis Mathematik

Größen
Geld 107
Längen 109
Gewichte 113
Hohlmaße (Rauminhalte) 116
Bruchzahlen bei Längen,
Gewichten und Hohlmaßen 117
Zeiteinheiten 119
Uhrzeit 122
Zeitpunkt und Zeitspanne 124

Textaufgaben
Textaufgaben lösen 125
Rechnen mit Größen 128
Durchschnittsberechnungen 131
Wahrscheinlichkeit 132

Geometrie
Geometrische Grundbegriffe 133
Zeichengeräte 134
Flächenformen 135
Umfangs- und Flächenberechnung 137
Parkettierungen 137
Körperformen 138
Körpernetze 140
Würfelbauten 141
Körperansichten 142
Achsensymmetrie 143
Drehsymmetrie 145
Maßstab 145

Stichwörter Deutsch 150
Stichwörter Mathematik 154

Anhang: Gängige Schulschriften 158

Deutsch

Wortbausteine

Ein Wort, das du **sprichst**, besteht aus verschiedenen **Lauten**.
Schreibst du ein Wort, so besteht es aus verschiedenen **Buchstaben**.

> **!**
>
> In unserem **Alphabet** gibt es **26 Buchstaben**:
>
> A/a, B/b, C/c, D/d, E/e, F/f, G/g, H/h, I/i, J/j, K/k, L/l, M/m, N/n, O/o, P/p, Q/q, R/r, S/s, T/t, U/u, V/v, W/w, X/x, Y/y, Z/z.
>
> Außerdem gibt es die **Umlaute** Ä/ä, Ö/ö, Ü/ü und das Sonderzeichen ß.

Wörter bestehen aus **Silben**. Die Silben erkennst du leicht, wenn du das Wort deutlich sprichst und dabei in die Hände klatschst.

Haus — 1 Silbe
Blume — 2 Silben
Froschkönig — 3 Silben

→ Ein Wort kann aus verschiedenen **Wortbausteinen** bestehen:

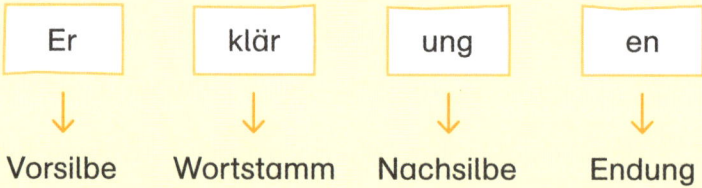

Er	klär	ung	en
↓	↓	↓	↓
Vorsilbe	Wortstamm	Nachsilbe	Endung

Wortbausteine

→ Wörter mit dem gleichen **Wortstamm** gehören zu einer **Wortfamilie**.

Ärger, **ärger**n, ver**ärger**t, **ärger**lich, Ver**ärger**ung

klar, **Klar**heit, er**klär**en, auf**klär**en, Er**klär**ungen

→ **Vorsilben** sind Wortbausteine am Anfang eines Wortes. Vorsilben verändern die Bedeutung eines Wortes.

abfahren, **an**fahren, **vor**fahren, etwas **um**fahren, sich **ver**fahren, **weg**fahren, **über**fahren, **los**fahren

→ Am Ende eines Wortes kann eine **Nachsilbe** stehen.

wunder**bar**, freund**lich**, grund**los**, freud**ig**, stürm**isch**, Heiter**keit**, Erkält**ung**

An der Nachsilbe kannst du oft erkennen, zu welcher Wortart ein Wort gehört. → siehe S. 11 (Nomen), S. 23 (Adjektive)

→ Je nachdem, wie ein Wort benutzt wird, hat es verschiedene **Endungen**.

Ich geh**e** in die Stadt.
Du geh**st** in die Stadt.

Sieh mal, der rot**e** Pullover dort drüben!
Ich möchte so einen rot**en** Pullover.

Wortarten

Nomen (Namenwörter, Substantive)

1 Was ist ein Nomen?

Das Wort **Nomen** stammt aus dem Lateinischen und bedeutet **Name**. Sicherlich kennst du Namen von Freundinnen oder Freunden. Es gibt aber noch viel mehr Namenwörter!

→ **Nomen** (Namenwörter, Substantive) bezeichnen:

- **Personen**: Jonas, Oma, die Verkäuferin.
- **Tiere**: der Elefant, die Maus.
- **Pflanzen**: der Baum, die Sonnenblume.
- **Gegenstände**: das Buch, der Computer.
- **Gefühle**, **Gedanken**, **Vorstellungen**: die Wut, der Traum, der Wunsch.

Nomen werden mit einem **großen Anfangsbuchstaben** geschrieben.

Alle Nomen, die etwas bezeichnen, das man anfassen kann (Personen, Tiere, Pflanzen oder Gegenstände), nennt man **Konkreta**. Nomen für Gefühle, Gedanken oder Vorstellungen nennt man **Abstrakta**.

Konkreta:

der Opa   das Pferd   die Palme   der Stift

Abstrakta:

der Spaß    die Idee   die Liebe

Wortarten

Oft kannst du Nomen an den **Nachsilben** -heit, -keit, -ung, -nis, -tum, -schaft oder -ling erkennen.

    die Faul**heit**, die Heiter**keit**, die Vermut**ung**, das Ergeb**nis**, das Reich**tum**, die Freund**schaft**, der Lieb**ling**

2 Für Nomen gibt es Oberbegriffe

→ Mit einem **Oberbegriff** (Sammelnamen) kannst du viele verschiedene Dinge, die etwas miteinander gemeinsam haben, gleichzeitig benennen.

    der Hammer, die Säge, die Zange → das **Werkzeug**

    die Eiche, die Linde, die Buche → die **Bäume**

    der Bäcker, der Tischler, der Polizist → die **Berufe**

    die Gitarre, das Klavier, die Flöte → die **Musikinstrumente**

3 Nomen haben einen Artikel

Ein Nomen kann zwei verschiedene **Artikel** (Begleiter) haben, einen **bestimmten** oder einen **unbestimmten**.

    der Bär — **ein** Bär
    die Eule — **eine** Eule
    das Fahrrad — **ein** Fahrrad

Wortarten

→ Der **bestimmte Artikel** (Begleiter) heißt **der**, **die** oder **das**.

der Bär  **die** Ente **das** Krokodil

In der **Mehrzahl** (Plural) heißt der bestimmte Artikel immer **die**.

die Bären **die** Enten **die** Krokodile

Du verwendest den **bestimmten** Artikel, wenn du eine ganz bestimmte Person, ein bestimmtes Tier, eine bestimmte Pflanze oder einen bestimmten Gegenstand meinst.

→ Der **unbestimmte Artikel** (Begleiter) heißt **ein** oder **eine**.

ein Bär **eine** Ente **ein** Krokodil

Steht das Nomen in der **Mehrzahl**, **fällt** der unbestimmte Artikel **weg**.

Bären Enten Krokodile

Du verwendest den **unbestimmten** Artikel, wenn du irgendeine Person, irgendein Tier, irgendeine Pflanze oder irgendeinen Gegenstand meinst.

Wortarten

4 Nomen in der Einzahl (Singular) und Mehrzahl (Plural)

→ Nomen in der **Einzahl** (Singular) bezeichnen **ein einziges** Ding.
Nomen in der **Mehrzahl** (Plural) bezeichnen **mehrere** Dinge.

Die meisten Nomen **verändern sich** in der Mehrzahl. Die Mehrzahl wird auf verschiedene Weisen gebildet:

das Auto –	die Auto**s**	der Hammer –	die H**ä**mmer
das Haar –	die Haar**e**	der Arzt –	die **Ä**rzt**e**
die Blume –	die Blume**n**	das Glas –	die Gl**ä**s**er**
die Gefahr –	die Gefahr**en**		
das Kind –	die Kind**er**		

Bei einigen Nomen **bleibt** die Form in der Mehrzahl **gleich**.

der **Esel** – die **Esel**
das **Kaninchen** – die **Kaninchen**

Manche Nomen können **nur in der Einzahl** oder **nur in der Mehrzahl** stehen.

Einzahl: der Lärm   **Mehrzahl**: die Ferien

5 Zusammengesetzte Nomen

Oft bestehen Nomen aus mehreren einzelnen Wörtern. Man nennt diese Nomen dann **zusammengesetzte Nomen**.

der **Baum** + das **Haus** = das **Baumhaus**
das **Märchen** + das **Buch** = das **Märchenbuch**

Wortarten

→ Ein **zusammengesetztes Nomen** besteht aus einem **Bestimmungswort** und einem **Grundwort**. Das Bestimmungswort beschreibt das Grundwort genauer.

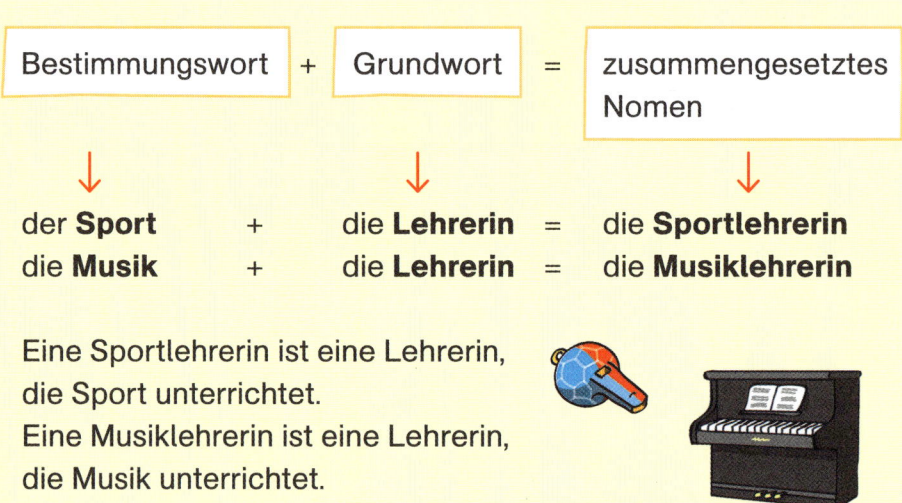

Eine Sportlehrerin ist eine Lehrerin, die Sport unterrichtet.
Eine Musiklehrerin ist eine Lehrerin, die Musik unterrichtet.

Der **Artikel** (Begleiter) richtet sich nach dem **Grundwort**:

Das **Bestimmungswort** kann auch ein **Verb** (Tunwort) oder ein **Adjektiv** (Wiewort) sein:

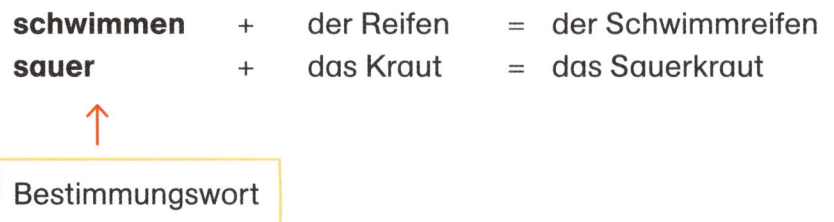

Wortarten

6 Die vier Fälle des Nomens

Je nachdem, wie Nomen im Satz verwendet werden, verändern sie ihre Form. Diese verschiedenen Formen eines Nomens nennt man **Fälle**. Auch der Artikel (Begleiter) verändert sich.

1. **Fall** (Wer-Fall):   **Der Hase** läuft über den Rasen.
2. **Fall** (Wessen-Fall): Das Fell **des Hasen** ist braun.
3. **Fall** (Wem-Fall):   Mia gibt **dem Hasen** eine saftige Möhre.
4. **Fall** (Wen-Fall):   Tim streichelt **den Hasen**.

Durch **Fragen** findest du heraus, in welchem Fall das Nomen steht:

1. Fall: **Wer-Fall** (Nominativ)	Wer oder was?	der Hase
2. Fall: **Wessen-Fall** (Genitiv)	Wessen?	des Hasen
3. Fall: **Wem-Fall** (Dativ)	Wem?	dem Hasen
4. Fall: **Wen-Fall** (Akkusativ)	Wen oder was?	den Hasen

Wortarten

7 Pronomen (Fürwörter)

→ **Pronomen** (Fürwörter) sind Wörter, die **für ein Nomen** stehen können. Pronomen werden **kleingeschrieben**.

Heute arbeitet Oma im Garten.
Heute arbeitet **sie** im Garten.

Pronomen kannst du verwenden, um Wiederholungen zu vermeiden.

Oma hat Durst. **Sie** trinkt ein Glas Apfelsaft.

Pronomen können nicht nur für Personen, sondern auch für **Tiere**, **Pflanzen**, **Gegenstände**, **Gefühle**, **Gedanken** oder **Vorstellungen** stehen.

Ich habe ein Bild gemalt. Willst du **es** sehen?

Es gibt verschiedene Arten von Pronomen.
Dies sind die **Personalpronomen**:

In der **Einzahl**:

Einzahl (Singular)	1. Person	2. Person	3. Person
1. Fall	ich	du	er, sie, es
3. Fall	mir	dir	ihm, ihr, ihm
4. Fall	mich	dich	ihn, sie, es

Wortarten

In der **Mehrzahl**:

Mehrzahl (Plural)	1. Person	2. Person	3. Person
1. Fall	wir	ihr	sie
3. Fall	uns	euch	ihnen
4. Fall	uns	euch	sie

Im 2. Fall (Wessen-Fall) kommen die Personalpronomen nur sehr selten vor. Deshalb fehlen sie hier.

Possessivpronomen (besitzanzeigende Fürwörter) sagen dir, **wem** etwas **gehört**.

Das ist Papas Auto.
Das ist **sein** Auto.

So heißen die Possessivpronomen:

	1. Person	2. Person	3. Person
Einzahl	mein	dein	sein, ihr, sein
Mehrzahl	unser	euer	ihr

Wortarten

Verben (Tunwörter)

1 Was ist ein Verb?

→ **Verben** (Tunwörter) sagen, was jemand tut oder was geschieht. Verben werden **kleingeschrieben**.

Felix **rennt**.   Es **regnet**.

2 Grundform (Infinitiv) und gebeugte Form

→ In der **Grundform** (Infinitiv) enden alle Verben auf **-en** oder **-n**.

hüpf**en**   feier**n**

Im Wörterbuch findest du ein Verb immer in der Grundform.

→ Die Grundform eines Verbs verrät nichts darüber, wer etwas tut oder wann etwas geschieht. Dies erkennst du nur an einer **gebeugten Form**.

Grundform: **fahren**
Gebeugte Formen: z. B. er **fährt**, wir **fuhren**, ihr **werdet fahren**

Wortarten

3 Die Personalformen des Verbs

→ Verben haben einen **Stamm** und eine **Endung**. Je nachdem, wie ein Verb im Satz gebraucht wird, verändert sich die Endung. An der **Endung** des Verbs siehst du, **welche Person** in einem Satz etwas tut.

Ich schreib**e**.
Du schreib**st**.
Er schreib**t**.

So heißen die **Personalformen**:

	1. Person	2. Person	3. Person
Einzahl (Singular)	Ich flieg**e**.	Du flieg**st**.	Er flieg**t**. Sie flieg**t**. Es flieg**t**.
Mehrzahl (Plural)	Wir flieg**en**.	Ihr flieg**t**.	Sie flieg**en**.

Wortarten

Manchmal verändert sich nicht nur die Endung eines Verbs, sondern auch der Verbstamm. Diese Verben heißen **unregelmäßige Verben**.

    essen: ich **e**sse – du **i**sst
    fahren: ich f**a**hre – du f**ä**hrst
    laufen: ich l**au**fe – er l**äu**ft

Ganz selten verändert sich sogar das ganze Wort.

    sein: ich **bin** – ihr **seid**

4 Die Zeitformen des Verbs

Verben sagen dir nicht nur, wer etwas tut, sondern auch, **wann** er es tut. Hierfür gibt es verschiedene Zeitformen.

→ Du verwendest das **Präsens** (Gegenwartsform), wenn etwas **jetzt** passiert oder **immer so ist**.

    Ich **kaufe** mir ein Eis.

    Die Erde **dreht** sich.

→ Das **Futur** (Zukunft) verwendest du, wenn etwas **später**, also in der **Zukunft**, geschehen wird. Um das Futur zu bilden, verwendest du das Hilfsverb **werden** und die **Grundform** (Infinitiv) des Verbs.

    In den Ferien **werden** wir jeden Tag **trainieren**.

Wortarten

Wenn etwas schon geschehen ist, fand es in der **Vergangenheit** statt.
Es gibt verschiedene Vergangenheitsformen:

→ Das **Präteritum** heißt auch Imperfekt, 1. Vergangenheit oder einfache Vergangenheit. Du verwendest diese Vergangenheitsform vor allem beim **Schreiben**.

> Leos Klasse **fuhr** mit dem Bus in den Wildpark.
> Die Kinder **entdeckten** dort viele Rehe.
> Der Ausflug **gefiel** allen Kindern.

Du erkennst das Präteritum an der **Endung des Verbs** oder daran, dass sich der **Verbstamm** verändert.

> ich suche – ich such**te**
> ich fahre – ich f**uh**r
> ich bringe – ich br**achte**

→ Das **Perfekt** heißt auch 2. Vergangenheit oder zusammengesetzte Vergangenheit. Diese Vergangenheitsform wird vor allem beim **Sprechen** verwendet.

Das Perfekt wird mit den Hilfsverben **sein** und **haben** gebildet.
Ein Verb im Perfekt hat immer **zwei Teile**.

> Gestern **bin** ich in den Supermarkt **gegangen**.
> Dort **habe** ich ein Kilo Äpfel **gekauft**.
> Danach **bin** ich gleich nach Hause **gefahren** und **habe** einen **gegessen**.

Wortarten

5 Der Imperativ (Befehlsform)

→ Der **Imperativ** ist die **Befehlsform** des Verbs.

Mit dieser Verbform kannst du eine **Bitte**, eine **Aufforderung** oder einen **Befehl** aussprechen. Den Imperativ gibt es in der Du-Form, in der Wir-Form und in der Ihr-Form.

Komm doch mit ins Schwimmbad!
Fahren wir doch alle zusammen!
Vergesst eure Handtücher nicht!

Adjektive (Wiewörter)

1 Was ist ein Adjektiv?

→ **Adjektive** (Wiewörter, Eigenschaftswörter) sagen, **wie etwas ist**. Sie beschreiben Nomen (Namenwörter) genauer. Adjektive werden **kleingeschrieben**.

Das Essen ist **heiß**.

Steht das Adjektiv **vor** einem Nomen, kann es sich verändern.

der laut**e** Wecker
ein laut**er** Wecker

Wortarten

→ **Adjektive** sagen auch, **wie etwas geschieht oder getan wird**.
Sie beschreiben dann Verben (Tunwörter) genauer.

Der Zug fährt **schnell**.

Oft kannst du Adjektive an den Nachsilben **-ig**, **-lich**, **-isch**, **-haft**, **-bar** und **-sam** erkennen.

kuschel**ig**, glück**lich**, stürm**isch**, zauber**haft**, wunder**bar**, lang**sam**

2 Steigerungsformen von Adjektiven

Um etwas zu **vergleichen**, kannst du Adjektive **steigern**.

Laura ist **hoch** gesprungen.
Pascal ist **höher** gesprungen.
Nina ist **am höchsten** gesprungen.

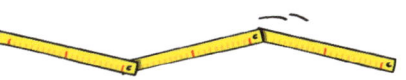

Hierfür benutzt du die beiden **Steigerungsstufen** (Vergleichsstufen):

Grundform Grundstufe	1. Steigerungsstufe 1. Vergleichsstufe Höherstufe Mehrstufe	2. Steigerungsstufe 2. Vergleichsstufe Höchststufe Meiststufe
weit	weiter	am weitesten
lustig	lustiger	am lustigsten
gut	besser	am besten

Manche Adjektive kannst du **nicht** steigern.

gelb   viereckig   tot   fertig   perfekt

Wortarten

Um Dinge miteinander zu vergleichen, benutzt du oft die Wörter **als** und **so ... wie**:

Das grüne Auto ist **kleiner als** das rote Auto.
Das blaue Auto ist **so groß wie** das rote Auto.

3 Zusammengesetzte Adjektive

Adjektive können sich mit **Nomen** (Namenwörtern) verbinden. So entsteht ein neues, zusammengesetztes Adjektiv.

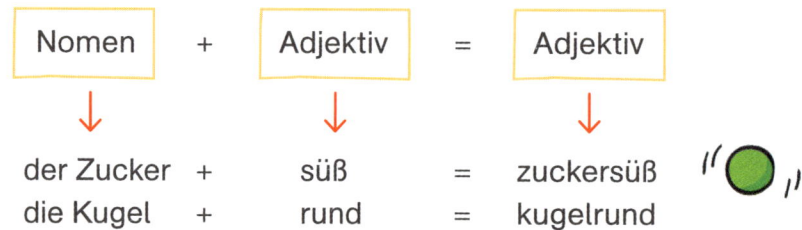

Oft kannst du Verbindungen aus einem Nomen und einem Adjektiv auch durch einen **Vergleich mit wie** ausdrücken.

zuckersüß = süß wie Zucker
kugelrund = rund wie eine Kugel

Ein neues Adjektiv kann auch entstehen, wenn sich ein Adjektiv mit einem **Verb** (Tunwort) verbindet.

Wortarten

Adjektive können sich auch mit einem anderen **Adjektiv** verbinden.

Adverbien (Umstandswörter)

→ **Adverbien** (Umstandswörter) sagen etwas über die **Zeit**, den **Ort**, die **Art und Weise** oder den **Grund** eines Geschehens aus. Adverbien werden **kleingeschrieben**.

> Luis will **morgen** in die Stadt gehen.
> **Dort** will er sich ein neues T-Shirt kaufen.
> Er freut sich **besonders** auf ein Eis aus seiner Lieblingseisdiele.
> **Deshalb** hofft er auf sonniges Wetter.

Viele Adverbien enden mit einem **s**.

> morgen**s**, abend**s**, mittwoch**s**, talwärt**s**, himmelwärt**s**

Wortarten

Numerale (Zahlwörter)

→ **Numerale** (Zahlwörter) geben eine **Anzahl** oder eine **Menge** an. Du erfragst sie mit „**Wie viele?**" oder „**Wie viel?**". Numerale schreibst du **klein**.

Bestimmte Zahlwörter geben eine genaue Anzahl an.

    drei Treffer   der **vierte** Platz

Unbestimmte Zahlwörter geben eine ungenaue Anzahl an.

    einige Tore   **wenige** Treffer

Präpositionen (Verhältniswörter)

→ **Präpositionen** (Verhältniswörter) beschreiben eine Beziehung zwischen zwei Dingen.

    Jana setzt sich **auf** die Schaukel.

    Sie will unbedingt noch **vor** dem Essen schaukeln.

    Später will sie **mit** ihrer Freundin schwimmen gehen.

Weitere Präpositionen sind zum Beispiel **in**, **zu**, **hinter**, **bei**, **seit**, **nach**, **während**, **außer**, **wegen** …

Wortarten

→ **Präpositionen** bestimmen den **Fall** des Nomens oder Pronomens, das zu ihnen gehört. → siehe S. 15

>Julina spielt **mit** ihre**m** Bruder.
>→ 3. Fall (Wem-Fall, Dativ)
>
>Julina spielt **ohne** ihre**n** Bruder.
>→ 4. Fall (Wen-Fall, Akkusativ)

Präpositionen **verschmelzen** oft **mit dem Artikel** (Begleiter), vor dem sie stehen, zu einem Wort.

>Der Frosch sitzt **an dem** Ufer.
>Der Frosch sitzt **am** Ufer.

Konjunktionen (Bindewörter)

→ Mit **Konjunktionen** (Bindewörtern) kannst du Wörter oder Sätze miteinander verbinden.

>Wir wollen Birnen, Bananen **und** Äpfel einkaufen.
>
>Lisa trinkt am liebsten Milch **oder** Kakao.
>
>Ole braucht noch Mehl, **weil** er einen Kuchen backen will.

Konjunktionen helfen dir beim flüssigen Schreiben.
Du kannst zwei Sätze sinnvoll miteinander verbinden.

>Erkan ist glücklich. Er hat eine Eins in Mathe.
>Erkan ist glücklich, **denn** er hat eine Eins in Mathe.

Weitere Konjunktionen sind zum Beispiel **aber**, **dass**, **als**, **obwohl**.

Satzarten

Je nachdem, aus welchem Grund du einen Satz äußerst, verwendest du verschiedene **Satzarten**.

Aussagesätze

→ Mit dem **Aussagesatz** kannst du etwas erzählen, berichten oder mitteilen. Er endet mit einem **Punkt**.

Die Sonne scheint.
Ich gehe jetzt in die Schule.

Fragesätze

→ Mit dem **Fragesatz** kannst du etwas erfragen, das du noch nicht weißt. Er endet mit einem **Fragezeichen**. Am Ende eines Fragesatzes hebt sich deine Stimme.

Wann hast du Geburtstag?
Feierst du mit deinen Freunden?

Satzarten

Steht **am Anfang** des Fragesatzes ein **Verb** (Tunwort), kann die Frage mit „**Ja**" oder „**Nein**" beantwortet werden.

Hast du einen Kaugummi für mich?

Am Anfang eines Fragesatzes kann auch ein **Fragewort** stehen. So kannst du ganz gezielt nachfragen, zum Beispiel nach einem Ort, nach einem Zeitpunkt oder nach einem Grund.

Wohin hast du das Geschenk gelegt?
Wann kommt der Zug an?
Warum hast du nicht angerufen?

Ausrufesätze und Aufforderungssätze

→ **Ausrufesätze** und **Aufforderungssätze** enden mit einem **Ausrufezeichen**.

Das ist ja super!
Bitte lass das!

Ein **Ausrufesatz** kann ausdrücken, dass sich jemand freut, dass sich jemand ärgert oder dass etwas Ungewöhnliches passiert.

Wunderbar, morgen beginnen die Ferien!
He, du hast dich vorgedrängelt!
Guck mal, das Lama spuckt!

Mit einem **Aufforderungssatz** oder Befehlssatz äußerst du einen **Wunsch**, eine **Bitte** oder einen **Befehl**.

Öffne bitte das Fenster!
Sei vorsichtig!

Satzglieder

→ Bestimmte Teile eines Satzes bleiben immer zusammen. Du kannst sie im Satz **umstellen** (Umstellprobe). Solche Teile eines Satzes heißen **Satzglieder**.

Der Frosch   sitzt   auf dem Seerosenblatt.

Auf dem Seerosenblatt   sitzt   der Frosch.

Sitzt   der Frosch   auf dem Seerosenblatt?

Ein Satzglied kann aus einem Wort oder mehreren Wörtern bestehen. Jedes Satzglied kann an den Anfang des Satzes gestellt werden (Erststellprobe).

Das Subjekt (Satzgegenstand)

→ Das **Subjekt** (Satzgegenstand) findest du mit der Frage **Wer oder was?**.

Der Frosch sitzt auf dem Seerosenblatt.
Wer oder was sitzt auf dem Seerosenblatt? **Der Frosch.**

Meistens ist das Subjekt ein **Nomen** (Namenwort). Das Nomen kann mit oder ohne Artikel (Begleiter) stehen.

Der Baum wirft seine Blätter ab.
Wer oder was wirft seine Blätter ab? Der Baum.

Oma bepflanzt das Blumenbeet.
Wer oder was bepflanzt das Blumenbeet? Oma.

Satzglieder

Oft ist das Subjekt auch ein **Pronomen** (Fürwort).

>   **Wir** essen eine Pizza.
>   Wer oder was isst eine Pizza? Wir.

Das Subjekt kann auch aus **mehreren Wörtern** bestehen.

>   **Die kleine Maus** liebt Käse.
>   Wer oder was liebt Käse? Die kleine Maus.
>
>   **Mein Bruder und ich** fahren an den See.
>   Wer oder was fährt an den See? Mein Bruder und ich.

Das Subjekt steht nicht immer am Anfang des Satzes.
Es kann auch in der Mitte oder am Ende stehen.

>   Heute hat **Leon** Fußballtraining.
>   Wer oder was hat heute Fußballtraining? Leon.
>
>   Das erste Tor schoss **Henri**.
>   Wer oder was schoss das erste Tor? Henri.

Satzglieder

Das Prädikat (Satzaussage)

→ Nach dem **Prädikat** (Satzaussage) fragst du mit **Was tut jemand?** oder **Was geschieht?**.

Emma spielt auf dem Hof.
Was tut Emma? Sie **spielt**.

Heute regnet es.
Was geschieht? Es **regnet**.

Das Prädikat wird manchmal auch **Satzkern** genannt. Gleichzeitig bezeichnet man mit dem Wort Satzkern aber auch das Subjekt und das Prädikat zusammen. → siehe S. 33 Verwende den Begriff so, wie du es in der Schule gelernt hast.

Das Prädikat ist immer ein **Verb** (Tunwort). Es steht nicht in der Grundform, sondern ist **gebeugt**. → siehe S. 18 Seine Endung passt zum Subjekt (Satzgegenstand).

Max lies**t** ein spannendes Buch.
Wir les**en** ein spannendes Buch.

Manchmal ist es nicht ganz leicht, das Prädikat eines Satzes zu finden, zum Beispiel, wenn es sich um die Verben **haben** und **sein** handelt. Denke immer daran: Das Prädikat ist ein gebeugtes Verb.

Ina hatte viel Spaß im Theater.
Was geschah? Ina **hatte** (viel Spaß).

Paul war von den Kostümen begeistert.
Was geschah? Paul **war** (begeistert).

Satzglieder

Manchmal besteht das Prädikat aus **zwei Teilen**.

Felix kommt um 15 Uhr an.
Was tut Felix? Er **kommt an**.

Leila hat ein Bild gemalt.
Was hat Leila getan? Sie **hat gemalt**.

Marie wird am lautesten singen.
Was wird Marie tun? Sie **wird singen**.

Paul will Quartett spielen.
Was tut Paul? Er **will spielen**.

Der Satzkern

→ Der **Satzkern** besteht aus dem Subjekt (Satzgegenstand) und aus dem Prädikat (Satzaussage).

Benno wandert in den Bergen.
Anna schreibt Svenja eine Karte.

Alle anderen Satzglieder gehören nicht zum Satzkern.

Achtung! Manchmal wird auch nur das Prädikat als Satzkern bezeichnet. Verwende den Begriff so, wie du es in der Schule gelernt hast.

Satzglieder

Das Objekt (Satzergänzung)

Mit **Objekten** (Satzergänzungen) kannst du einen Satz sinnvoll erweitern. Er wird dadurch aussagekräftiger.

> Ich schreibe.
> Ich schreibe **meiner Oma**.
>
> Ich lese.
> Ich lese **ein Buch**.
>
> Ich rufe an.
> Ich rufe **meine Freundin Tine** an.

→ Das **Dativobjekt** (Wem-Ergänzung) findest du mit der Frage **Wem?**.

> Lena schreibt Oma.
> **Wem** schreibt Lena? **Oma**.

Das Dativobjekt kann ein Nomen (Namenwort) oder ein Pronomen (Fürwort) sein. Es kann auch aus mehreren Wörtern bestehen.

> **Wem** schreibt Lena?
>
> Lena schreibt **Oma**.
> Lena schreibt **ihr**.
> Lena schreibt **ihren lieben Großeltern**.

Wortarten

→ Das **Akkusativobjekt** (Wen- oder Was-Ergänzung) findest du mit der Frage **Wen oder was?**.

> Lena liest ein Buch.
> **Wen oder was** liest Lena**? Ein Buch**.

Das Akkusativobjekt kann ein Nomen (Namenwort) oder ein Pronomen (Fürwort) sein. Es kann auch aus mehreren Wörtern bestehen.

> **Wen** ruft Lena an?
>
> Lena ruft **Jessica** an.
> Lena ruft **sie** an.
> Lena ruft **ihre beste Freundin** an.

In einem Satz können auch beide Arten von Objekten (Satzergänzungen) vorkommen:

Subjekt (Satzgegenstand)	**Prädikat** (Satzaussage)	**Dativobjekt** (Wem-Ergänzung)	**Akkusativobjekt** (Wen- oder Was-Ergänzung)
Nele	singt	dem Baby	ein Schlaflied.
Tom	schreibt	seinem Freund	eine SMS.
Nadja	malt	Sonja	ein Bild.

Nur selten gibt es im Satz ein **Genitivobjekt** (Wessen-Ergänzung).

> Gauner Ede wurde **des Diebstahls** überführt.
> Uroma Lotte erfreut sich **bester Gesundheit**.

Satzglieder

Angaben zum Ort, zur Zeit, zur Art und Weise…

Manchmal möchtest du wissen, **wo** und **wann** etwas geschieht, **warum** es geschieht oder **auf welche Art und Weise** es geschieht.

Um diese Angaben zu machen, gibt es noch weitere Satzglieder.

→ Die **Ortsangabe** (Ortsergänzung) findest du mit den Fragen **Wo?**, **Woher?** und **Wohin?**.

Die Geschenke liegen unter dem Weihnachtsbaum.
Wo liegen die Geschenke? **Unter dem Weihnachtsbaum.**

Die Blumen kommen aus unserem Garten.
Woher kommen die Blumen? **Aus unserem Garten.**

Leonie fährt mit ihrer Mutter nach Paris.
Wohin fährt Leonie mit ihrer Mutter? **Nach Paris.**

→ Die **Zeitangabe** (Zeitergänzung) findest du mit den Fragen **Wann?**, **Wie oft?**, **Wie lange?** und **Seit wann?**.

Lina darf in den Sommerferien nach Amerika fliegen.
Wann darf Lina nach Amerika fliegen? **In den Sommerferien.**

Mark besucht seinen Opa einmal in der Woche.
Wie oft besucht Mark seinen Opa? **Einmal in der Woche.**

Tom war zwei Stunden auf dem Tennisplatz.
Wie lange war Tom auf dem Tennisplatz? **Zwei Stunden.**

Seit September nimmt Luis Gitarrenunterricht.
Seit wann nimmt Luis Gitarrenunterricht? **Seit September.**

Satzglieder

→ Die **Angabe** (Ergänzung) **der Art und Weise** findest du mit den Fragen **Wie?** und **Auf welche Art und Weise?**.

> Mit grimmiger Miene steigt der Riese über Bäume und Sträucher.
> **Wie** steigt der Riese über Bäume und Sträucher?
> **Mit grimmiger Miene.**

> Der Riese durchquert großen Schrittes den Zauberwald.
> **Auf welche Weise** durchquert der Riese den Zauberwald?
> **Großen Schrittes.**

Angaben (Ergänzungen) zum Ort, zur Zeit oder zur Art und Weise eines Geschehens heißen auch **adverbiale Bestimmungen** oder **Adverbiale**.

Es gibt noch einige weitere solcher Angaben, zum Beispiel zur Bedingung, zum Zweck oder zum Grund eines Geschehens.

> **Bei schönem Wetter** findet heute das Sportfest statt.

> **Zum Schutz vor der Sonne** müssen die Kinder eingecremt zur Schule kommen.

> **Wegen ihres tollen Einsatzes** bekommen alle ein Stück Wassermelone.

Rechtschreibung

Selbstlaute (Vokale) und Mitlaute (Konsonanten)

Unser Alphabet hat 26 Buchstaben. Wenn du einen Buchstaben aussprichst, bildest du einen **Laut**. Man unterscheidet dabei zwischen **Selbstlauten** (Vokalen) und **Mitlauten** (Konsonanten).

→ **Selbstlaute** (Vokale) klingen von alleine.

Sie heißen:
A/a, E/e, I/i, O/o, U/u.

Zu den Selbstlauten gehören auch die **Umlaute Ä/ä, Ö/ö** und **Ü/ü**.

→ **Mitlaute** (Konsonanten) brauchen zum Klingen einen Selbstlaut.

Sie heißen:
B/b, C/c, D/d, F/f, G/g, H/h, J/j, K/k, L/l, M/m, N/n, P/p, Q/q, R/r, S/s, T/t, V/v, W/w, X/x, Y/y, Z/z.

Zu den Mitlauten gehört auch das Sonderzeichen **ß**.

→ Manchmal verbinden sich zwei Selbstlaute. Diese Laute nennt man **Zwielaute** (Doppellaute, Diphtonge).

Sie heißen:
Au/au, Äu/äu, Ai/ai, Ei/ei, Eu/eu.

Rechtschreibung

Lange und kurze Selbstlaute

Selbstlaute (Vokale) können **lang** oder **kurz** ausgesprochen werden. Sprich die Wörter laut und deutlich, dann hörst du den Unterschied.

    langer Selbstlaut: H**o**se   kurzer Selbstlaut: t**o**ll

Lange Selbstlaute findest du meist in Silben, die mit einem Selbstlaut enden. Solche Silben heißen **offene Silben**.

    der K**ä**-se   r**e**-den   l**i**-la

Kurze Selbstlaute findest du meist in Silben, die mit einem Mitlaut enden. Sie heißen **geschlossene Silben**.

    die **A**m-pel   schm**e**l-zen   l**u**s-tig

Wörter mit **langem** Vokal sind oft lautgetreu. Du schreibst sie genau so, wie du sie sprichst (Mitsprechwörter). Manchmal ist die Länge aber auch extra gekennzeichnet:

→ Manchmal steht nach einem **lang** gesprochenen Selbstlaut ein **Dehnungs-h** (stummes h). Diese Wörter musst du dir merken.

    fa**h**ren   der Le**h**rer   das O**h**r   die U**h**r

→ Manchmal hat das Wort einen **doppelten Selbstlaut**.

    die H**aa**re   der S**ee**   das B**oo**t

Umlaute werden nicht verdoppelt.

    die Härchen   das Bötchen

Rechtschreibung

→ Hörst du ein **lang** gesprochenes **i**, schreibst du meistens ein **ie**.

sieben   das Sp**ie**l   l**ie**b

Nur bei wenigen Wörtern mit lang gesprochenem i schreibst du kein ie.

Tiger   Maschine

Einige kleine Wörter mit i haben ein h als Dehnungszeichen.

ihr   **ih**n   **ih**nen

→ Auf einen **kurzen Selbstlaut** folgt oft ein **doppelter Mitlaut**.

das Schi**ff**   schne**ll**   bru**mm**en

Der Mitlaut wird meist dann verdoppelt, wenn du nach dem kurzen Selbstlaut nur **einen einzigen Mitlaut** hörst.

der Ba**ll**, be**ss**er, ho**ff**en; aber: das Geld, halb, helfen

Manchmal kann es dir helfen, das Wort zu verlängern und in Sprech-silben zu zerlegen.

Schwa**mm** → Schwäm-me   Ko**mm**! → kom-men

→ **k** und **z** werden in der Regel nicht verdoppelt. Sie werden zu **ck** und **tz**.

die E**ck**e   dru**ck**en   der Spa**tz**   wi**tz**ig

Nur in einigen Wörtern aus fremden Sprachen werden k und z verdoppelt.

Bro**kk**oli   Pi**zz**a   Pu**zz**le

Rechtschreibung

Wörter mit e/ä, eu/äu, ei/ai

Die Buchstaben **e** und **ä** klingen in manchen Wörtern gleich. Auch bei den Zwielauten **eu** und **äu** und bei den Zwielauten **ei** und **ai** hörst du oft keinen Unterschied:

    F**e**lder – W**ä**lder   B**eu**le – Tr**äu**me   M**ei**se – K**ai**ser

Du kannst nicht hören, welchen Buchstaben du schreiben musst. Oft kannst du es aber durch **Ableitungen** herausfinden.

→ Wenn es ein **verwandtes Wort** mit **a** oder **au** gibt, schreibst du **ä** oder **äu**.

    der Schr**a**nk – die Schr**ä**nke

    schl**a**fen – er schl**ä**ft

    b**au**en – das Geb**äu**de

Einige Wörter mit **ä** oder **äu** haben keine verwandten Wörter, die dir weiterhelfen. Solche Wörter musst du dir merken.

    der K**ä**se, der B**ä**r, der K**ä**fer, das M**ä**dchen

    die S**äu**le, das Kn**äu**el

Es gibt nur wenige Wörter mit **ai**. Solche Wörter musst du dir merken.

    der K**ai**ser, der M**ai**, der M**ai**s, das W**ai**senkind, der H**ai**

Rechtschreibung

Gleich klingende Mitlaute im Auslaut

→ Ob ein Wort am Ende mit **b** oder **p**, **d** oder **t**, **g** oder **k** geschrieben wird, findest du heraus, indem du das Wort **verlängerst**.

  der Kor**b** – die Kör**b**e   kal**t** – käl**t**er

Es gibt verschiedene Möglichkeiten, Wörter zu verlängern:

Nomen (Namenwörter) kannst du in die **Mehrzahl** (Plural) setzen.

  der Hun**d** – die Hun**d**e

Bei Verben (Tunwörtern) kannst du die **Grundform** (Infinitiv) bilden.

  er ban**d** – bin**d**en   er rä**t** – ra**t**en

Die Grundform kann dir auch helfen, wenn der Laut nicht am Ende des Wortes steht.

  sie bie**g**t – bie**g**en   sie trin**k**t – trin**k**en

Adjektive (Wiewörter) kannst du **steigern**.

  lusti**g** – lusti**g**er   star**k** – stär**k**er

Bei zusammengesetzten Wörtern verlängerst du das einzelne Wort.

  das Schrei**b**heft – schrei**b**en   der Pie**p**matz – pie**p**en

Rechtschreibung

Wörter mit s, ss und ß

Der **s-Laut** kann stimmhaft wie in **S**onne oder stimmlos wie in Hau**s** klingen.

→ Hörst du ein **stimmhaftes** s, schreibst du **s**.

   die Rei**s**e

Achtung: Am Wortende klingt auch ein stimmhaftes **s** immer stimmlos. Verlängere deshalb das Wort, sodass der s-Laut in der Mitte steht.

   das Hau**s** – die Häu**s**er

Bei einem **stimmlosen s** achtest du auf den Laut **vor** dem s-Laut. Er sagt dir, ob du **ß** oder **ss** schreibst.

→ Folgt der **stimmlose** s-Laut auf einen **langen Selbstlaut** oder auf einen **Zwielaut**, so schreibst du meist ein **ß**.

   der Fu̱ß – die Füße   der Strauß – die Sträuße

Folgt der **stimmlose** s-Laut dagegen auf einen **kurzen Selbstlaut**, so schreibst du meist **ss**.

   der Flṳss   der Rṳ̈ssel

Rechtschreibung

Groß- und Kleinschreibung

→ Den **Satzanfang**, also das erste Wort eines Satzes, schreibst du immer groß.

Am Samstag darf Linus zum Eislaufen gehen.
Er freut sich schon riesig.

→ **Nomen** (Namenwörter) werden immer großgeschrieben.

Heute entdeckte **E**mil im **G**arten einen **I**gel.

Auf den Seiten → 10 – 15 kannst du nachlesen, woran du Nomen erkennst.

Manchmal werden Verben (Tunwörter) oder Adjektive (Wiewörter) zu Nomen, ohne dass sich das Wort verändert. Du erkennst diese Nomen daran, dass sie einen **Artikel** (Begleiter) haben. Manchmal stehen auch Wörter wie **nichts**, **wenig**, **alles**, **viel**, **etwas**, **genug** oder **einiges** vor den Nomen.

Das Turnen macht Nina **viel F**reude.
Für sie gibt es **nichts S**chöneres.

Auch **zusammengesetzte Nomen** schreibst du immer groß.

Wo ist denn nur meine **S**chwimmbrille?

→ **Eigennamen**, etwa von Personen, Ländern, Orten, Flüssen, Festen, Restaurants ... schreibst du groß.

Herr **M**üller fährt zu **O**stern an die **D**onau.

Rechtschreibung

→ Wenn du eine Person gut kennst, verwendest du die **vertrauliche Anrede du** und **ihr**. Die Anrede **du** und **ihr** sowie die dazugehörenden Formen **dich**, **dir**, **deine**, **euch**, **eure** ... schreibst du klein.

In Briefen oder E-Mails kannst du die Anrede **du** und **ihr** klein- **oder** großschreiben. Entscheide dich aber für eine einheitliche Schreibweise.

Liebe Emma,

wie geht es **D**ir?
Hattest **D**u schöne Ferien?

Liebe Emma,

wie geht es **d**ir?
Hattest **d**u schöne Ferien?

→ Die **höfliche Anrede** verwendest du, wenn du jemanden nicht so gut kennst. Die Formen der höflichen Anrede heißen **Sie**, **Ihnen**, **Ihr**, **Ihre** und **Ihren**. Sie werden immer großgeschrieben.

Entschuldigen **S**ie, darf ich **I**hnen ein paar Fragen stellen?

Rechtschreibung

Worttrennung

→ **Zusammengesetzte Wörter** und **Wörter mit Vorsilben** kannst du nach ihren einzelnen **Bestandteilen** trennen.

    das Renn-rad   die Tor-wand   der Vor-fall

→ Wörter mit mehreren Silben trennst du nach **Sprechsilben**.

    der Ka-len-der   te-le-fo-nie-ren

Hat das Wort in der Mitte nur **einen Mitlaut**, so trennst du **vor** diesem Mitlaut.

    der Bru-der   se-hen   freu-dig

Folgen **mehrere** Mitlaute aufeinander, so wird der **letzte** auf die neue Zeile geschrieben.

    die Tan-te   dun-kel   war-ten

→ Wörter mit **doppelten Mitlauten** (Konsonanten) trennst du **zwischen** den beiden Mitlauten.

    die Spin-ne   brum-men

Das gilt aber nur, wenn auch die Sprechsilben dazu passen!

    schwim-men   das Schwimm-bad   er schwimmt

Rechtschreibung / Zeichensetzung

→ Die Buchstaben **sch**, **ch** und **ck** **bleiben** immer **zusammen**.

    die Ta-**sch**e   kra-**ch**en   die Schne-**ck**e

→ Wörter mit **tz**, **st**, **sp**, **ng** oder **pf** in der Mitte werden **zwischen** diesen Mitlauten getrennt.

    ki**t**-**z**eln   die Ki**s**-**t**e   die Kno**s**-**p**e   sin-**g**en   klo**p**-**f**en

→ Einen **einzelnen Buchstaben** am Wortanfang oder -ende darfst du **nicht** abtrennen.

    die Amei-se   der Ele-fant   So-phia

Satzschlusszeichen

→ siehe S. 28 – 29 Satzarten

Komma

Damit lange Sätze besser zu verstehen sind, werden sie durch **Kommas** gegliedert. Für das Setzen von Kommas gibt es ganz bestimmte Regeln.

→ Mit einem Komma trennst du eine **Anrede** ab.

    Karla**,** gibst du mir bitte die Sonnencreme?

→ Mit einem Komma trennst du einen **Ausruf** ab.

    Puh**,** ist mir heiß!

Zeichensetzung

→ Wenn du in einem Text etwas **aufzählst**, trennst du die einzelnen Wörter durch ein Komma ab. Aber Achtung: Vor **und** und **oder** steht kein Komma!

In der Jugendherberge gibt es heute Tomatensuppe, Kartoffelauflauf und Milchreis.

Möchtest du lieber Äpfel, Bananen oder Kiwis?

→ Das Komma trennt Haupt- und **Nebensätze**. Nebensätze erkennst du oft daran, dass sie mit Konjunktionen (Bindewörtern) wie **wenn**, **aber**, **dass**, **als** oder **weil** beginnen.

Linus freut sich, **weil** er heute Fußballtraining hat.

Wörtliche Rede

Ganz besonders wichtig ist die Zeichensetzung, wenn du ein **Gespräch** in wörtlicher Rede aufschreibst. Kennzeichne genau, **wer** etwas sagt und **was** diese Person sagt, damit der Leser deinen Text gut versteht.

→ Am **Anfang** einer wörtlichen Rede stehen **Anführungszeichen**. Am **Ende** der wörtlichen Rede stehen **Schlusszeichen**.

„Hallo Lisa! Kommst du mit in den Park?"
„Sehr gerne, ich bin in fünf Minuten fertig!"
„Gut, wir warten hier auf dich."

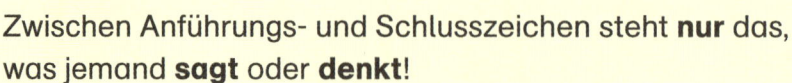

Zwischen Anführungs- und Schlusszeichen steht **nur** das, was jemand **sagt** oder **denkt**!

Zeichensetzung

Bei einer wörtlichen Rede kann ein **Begleitsatz** stehen, der dem Leser erklärt, **wer** etwas sagt oder denkt. Dieser Begleitsatz kann **vor** oder **nach** der wörtlichen Rede stehen. Manchmal steht der Begleitsatz auch **zwischen** zwei Teilen einer wörtlichen Rede.

→ Steht der **Begleitsatz vor** der wörtlichen Rede, endet er mit einem **Doppelpunkt**.

Eva ruft begeistert: „Ich habe den Schatz gefunden!"
Ben fragt: „Wo liegt er denn?"
Eva antwortet: „Dort drüben, bei der alten Eiche."

→ Steht der **Begleitsatz nach** der wörtlichen Rede, wird er mit einem **Komma** abgetrennt.

„Hast du meine Sporttasche irgendwo gesehen?"**, fragt Sophie ihren kleinen Bruder.**
„Schau doch mal im Flur!"**, ruft Sophies Bruder zurück.**

Bei einem **Aussagesatz** fällt der **Punkt** am Ende **weg**.

„Okay, ich gehe mal nachsehen"**, antwortet Sophie.**

→ Steht der **Begleitsatz zwischen** zwei Teilen einer wörtlichen Rede, wird er durch **zwei Kommas** eingeschlossen.

„Du bist"**, sagt Sophie,** „mein allerbester Bruder."

Texte schreiben: Erzählungen

Erzählungen

Es gibt viele verschiedene Textsorten, zum Beispiel Zeitungsartikel, Kochrezepte, Geschichten aus Lesebüchern oder Bastelanleitungen.

→ Ein Text, der eine **Geschichte** erzählt, heißt **Erzählung**.

In der Schule schreibst du verschiedene Arten von Erzählungen: Erlebniserzählungen, Reizwortgeschichten, Nacherzählungen, Fantasiegeschichten und Bildergeschichten.

Jede Erzählung braucht eine **Überschrift**.

→ Die **Überschrift** einer Erzählung soll immer **kurz** sein und auf den Text **neugierig machen**. Sie darf aber auch **nicht zu viel verraten**.

~~Die Mülltonne~~

~~Nur eine Plastik-Echse~~

~~Als ich einmal den Müll hinausbrachte, erst erschrak und dann meine Plastik-Echse wiederfand~~

Überraschung aus der Mülltonne

Texte schreiben: Erzählungen

→ In der **Erzählkurve** siehst du den Aufbau einer Geschichte:

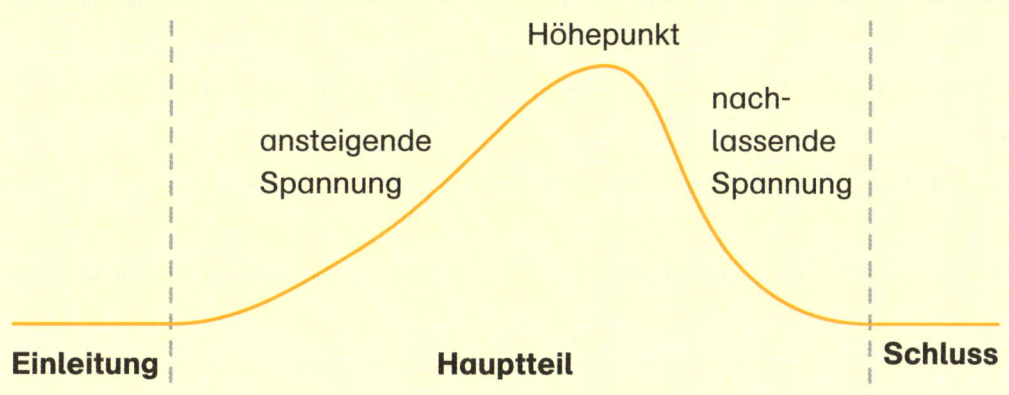

So baust du deine Erzählung richtig auf:

1. Die **Einleitung** führt in wenigen Sätzen in das Thema ein. Du teilst dem Leser kurz mit, **wer** etwas erlebt, **wann** und **wo** deine Geschichte spielt.

2. Zu Beginn des **Hauptteils** steigt die Spannung an. Deine Erzählung wird immer spannender, bis sie ihren **Höhepunkt** erreicht.
Nach dem Höhepunkt lässt du die Geschichte **ausklingen**. Beginne kein neues Erlebnis!

3. Der **Schluss** sollte kurz sein und deine Geschichte abrunden. Du kannst das Geschehen noch einmal kurz zusammenfassen oder einen Ausblick auf die Zukunft geben.

4. Kontrolliere am Ende noch einmal, ob die **Überschrift** gut zu deiner Geschichte passt.

Texte schreiben: Erzählungen

Tipps zum Schreiben einer Erzählung:

✓ Erzähle immer nur über **ein Erlebnis**.

✓ Halte die **Zeitform** ein. Schreibe im **Präteritum** (1. Vergangenheit, Imperfekt, einfache Vergangenheit). Wenn du möchtest, kannst du am Höhepunkt in das Präsens (Gegenwart) wechseln, um deine Geschichte noch spannender zu machen.

✓ Halte die **richtige Reihenfolge** ein: Erzähle eines nach dem anderen.

✓ Beschreibe **alles Wichtige** ausführlich und lasse Unwichtiges weg.

✓ Beschreibe die Personen, den Ort und das Geschehen mit **treffenden Begriffen**. Nur so kann sich der Leser ein genaues Bild machen.

✓ Passende **Adjektive** (Wiewörter), **wörtliche Rede** und **Ausrufe** machen deine Erzählung **lebendig**. Beschreibe auch, was die Personen **denken** und **fühlen**, damit sich der Leser gut in sie hineinversetzen kann.

✓ Verwende Wörter aus verschiedenen Wortarten und unterschiedliche Begriffe. Beginne auch die Sätze unterschiedlich. So wird deine Geschichte **abwechslungsreich**.

Texte schreiben: Erzählungen

In einem **Wortfeld** sammelst du verschiedene Wörter mit einer ähnlichen Bedeutung. Es hilft dir, treffende Begriffe zu finden und deine Geschichte abwechslungsreich zu gestalten.

Im Wortfeld **sagen** findest du zum Beispiel viele Wörter, die dieses Verb (Tunwort) genauer beschreiben:

> reden   brüllen   schreien   herausplatzen
>
> antworten   sprechen   erzählen
>
> erwidern   rufen   drohen
>
> vorschlagen   flüstern   fragen
>
> behaupten   wispern
>
> berichten   verraten

Du kannst auch für Wörter aus anderen Wortarten ein Wortfeld erstellen, zum Beispiel für das Adjektiv (Wiewort) **dunkel**:

> schwärzeste Nacht   kein Lichtschein
>
> düster   stockfinster
>
> die Hand vor Augen nicht sehen   tiefste Nacht

Texte schreiben: Erzählungen

Erlebniserzählungen

→ In einer **Erlebniserzählung** erzählst du von einem eigenen oder von einem fremden **Erlebnis**.

Von einem eigenen Erlebnis erzählst du in der **Ich-Form**.
Ein fremdes Erlebnis kannst du in der **Er-Form** (er, sie, es) erzählen.

Das Erlebnis kann tatsächlich stattgefunden haben oder erfunden sein.

Bevor du anfängst zu schreiben, solltest du deine Ideen ordnen und dir genau überlegen, was du erzählen möchtest. Dazu gibt es verschiedene Möglichkeiten. Du kannst eine **Stichpunktsammlung** anfertigen oder deine Ideen in einer **Mindmap** (Ideensammlung, Cluster, Gedankenschwarm) festhalten.

→ Bei einer **Stichpunktsammlung** stehen die Einzelheiten, die erzählt werden sollen, schon in der **richtigen Reihenfolge**.

- im Tenniscamp ankommen und auspacken
- erstes Training
- großer Schreck
- Tennisschläger nicht zu finden
- Anruf von zu Hause
- Tennisschläger im Kinderzimmer
- anderen Schläger ausleihen
- noch schöne Tage im Camp

Texte schreiben: Erzählungen

→ Bei einer **Mindmap** (Ideensammlung, Cluster, Gedankenschwarm) gehst du von **einem zentralen Ereignis** aus. Dieses Ereignis stellst du in die Mitte. Davon ausgehend notierst du **Ideen** und **Einzelheiten**. Gibt es zu einem Gedanken noch weitere, dazu passende Gedanken, schreibst du sie in weitere Abzweigungen.

Texte schreiben: Erzählungen

Reizwortgeschichten

→ Bei einer **Reizwortgeschichte** sind verschiedene **Reizwörter** vorgegeben, zu denen du dir eine Geschichte ausdenkst.

Reizwörter für deine Geschichte könnten sein:

    einkaufen   Eis essen   Schlüssel

Alle Reizwörter müssen **genau so** in deiner Geschichte vorkommen. Die Reihenfolge der Begriffe kannst du aber selbst bestimmen.

Auch vieles andere darfst du selbst entscheiden:

- Ist es eine lustige oder eine traurige Geschichte?
- Wo und wann spielt die Geschichte?
- Wie viele Personen kommen vor?
- Schreibst du in der Ich-Form oder in der Er-Form (er, sie, es)?
- Ist die Geschichte wirklich so passiert oder ist sie erfunden?

Erzähle immer nur über **ein** Erlebnis! In diesem Erlebnis müssen **alle** Reizwörter vorkommen.

Eine **Stichpunktsammlung** hilft dir, in der richtigen Reihenfolge zu erzählen und die **Erzählkurve** einzuhalten. → siehe S. 54 – 55, 51

Texte schreiben: Erzählungen

Nacherzählungen

→ Bei einer **Nacherzählung** erzählst du eine Geschichte, ein Märchen, eine Fabel oder einen Witz **mit eigenen Worten** nach.

Tipps zum Verfassen einer Nacherzählung:

✓ Notiere dir beim Lesen oder Vorlesen der Geschichte schon **Stichpunkte**. Dann fällt dir das Nacherzählen später leichter.

✓ Achte auf die **richtige Reihenfolge** der Ereignisse.

✓ Erwähne alle **wichtigen Einzelheiten**.

✓ Benutze deine **eigenen Worte**.

✓ Schreibe nur auf, was wirklich vorkam. **Erfinde nichts hinzu!**

Fantasiegeschichten

→ In einer **Fantasiegeschichte** kommen Personen, Tiere oder Gegenstände vor, die es **in der Wirklichkeit nicht gibt**. Es geschehen Dinge, die so eigentlich nicht geschehen können.

In einer Fantasiegeschichte kann es die lustigsten Dinge geben: kleine grüne Monster auf dem Schulhof oder Fahrrad fahrende Kühe.

Texte schreiben: Erzählungen

Tipps zum Schreiben einer Fantasiegeschichte:

✓ Verwende viele **Adjektive** (Wiewörter) und **wörtliche Rede**, damit sich der Leser die Fantasiewelt gut vorstellen kann.

✓ Überlege dir genau, **wann** deine Fantasiegeschichte spielt: in der Gegenwart, in der Vergangenheit oder in der Zukunft?

✓ Halte beim Schreiben die **Erzählkurve** ein. → siehe S. 51

Bildergeschichten

→ Bei einer **Bildergeschichte** schreibst du **zu mehreren Bildern** eine eigene, **zusammenhängende** Geschichte.

Texte schreiben: Erzählungen

Tipps zum Schreiben einer Bildergeschichte:

- ✓ **Sieh** dir zunächst **genau an**, was auf den Bildern zu sehen ist.
- ✓ Überlege, wie die Bilder **zusammenhängen**.
- ✓ Denke auch daran, was **zwischen** den Bildern geschieht.
- ✓ Überlege dir, **welche Person** deine Geschichte erzählen soll. Nimm die Sichtweise dieser Person ein.
- ✓ Beschreibe **alles**, was wichtig ist, um die Geschichte zu verstehen. Denke daran, dass dein Leser die Bilder nicht sehen kann.
- ✓ Halte beim Schreiben die **Erzählkurve** ein. → siehe S. 51
- ✓ Gestalte deine Geschichte so **lebendig** und **abwechslungsreich** wie möglich. Verwende Adjektive (Wiewörter), Ausrufe und wörtliche Rede.
- ✓ Verwende **treffende Begriffe**, damit sich der Leser alles gut vorstellen kann.

! Wenn du zwischen den Bildern genügend Platz hast, notiere dort, was zwischen den Bildern passiert. So fällt es dir leichter, eine zusammenhängende Geschichte zu schreiben.

Texte schreiben: Sachtexte

→ Mit einem **Sachtext** (Anleitung, Beschreibung, Bericht) **informierst** du den Leser **kurz** und **sachlich**. Konzentriere dich auf das **Wichtige**. Gefühle, Meinungen, Ausrufe, schmückende Adjektive und wörtliche Rede passen nicht in einen Sachtext.

Anleitungen

→ Eine **Anleitung** beschreibt genau, welche **Arbeitsschritte** notwendig sind, um etwas zu basteln, zu bauen oder zu kochen.

Tipps zum Verfassen einer Anleitung:

- ✓ Schreibe im **Präsens** (Gegenwart).
- ✓ Halte die **zeitliche Reihenfolge** der einzelnen Arbeitsschritte immer genau ein. Nur so kann der Leser richtig bauen, basteln oder kochen.
- ✓ Beschreibe nur, was **wichtig** ist.
- ✓ Versuche, durch **treffende Verben** (Tunwörter) möglichst genau auszudrücken, was zu tun ist.
- ✓ Schreibe **kurz** und **knapp**. Verzichte auf wörtliche Rede, Ausrufe oder schmückende Adjektive (Wiewörter).

Texte schreiben: Sachtexte

Beschreibungen

→ Mit einer **Beschreibung** möchtest du erreichen, dass sich der Leser eine Person, ein Tier oder einen Gegenstand **genau vorstellen kann**.

Tipps zum Verfassen einer Beschreibung:

- ✓ Schreibe im **Präsens** (Gegenwart).

- ✓ Sage über den Gegenstand oder die Person nur das, was **nötig** ist, um sich den Gegenstand oder die Person vorzustellen. Aussagen wie „Ich habe das Fahrrad zum Geburtstag bekommen" gehören nicht dazu.

- ✓ Versuche, mit **passenden Wörtern** treffend zu beschreiben.

Berichte

→ In einem **Bericht** schreibst du alles **Wichtige** über ein **vergangenes Ereignis**, zum Beispiel einen Unfall.

Tipps zum Schreiben eines Berichts:

- ✓ Schreibe im **Präteritum** (1. Vergangenheit, Imperfekt).

- ✓ **W-Fragen** helfen dir, an alles Wichtige zu denken: Was ist wann wo wem geschehen?

- ✓ Gefühle oder Meinungen gehören nicht in einen Bericht. Erfinde nichts hinzu.

- ✓ Achte auf die **richtige Reihenfolge** der Geschehnisse.

Texte lesen: Besondere Erzählformen

Märchen

→ Ein **Märchen** ist eine **erfundene** Geschichte. Es geschehen Dinge, die mit der Wirklichkeit nichts zu tun haben.

Märchen gibt es schon sehr lange. Zunächst wurden sie nur **mündlich** weitererzählt. Vor etwa 200 Jahren schrieben die Gebrüder Grimm dann viele Märchen auf. Diese Märchen kennen wir bis heute. Es gibt aber auch Märchen aus anderen Ländern oder moderne Märchen, die erst später entstanden.

Tipps zum Erkennen eines Märchens:

✓ Märchen spielen **vor langer Zeit**. Sie **beginnen** daher oft mit bestimmten Wendungen.

> Es war einmal …
> Vor langer, langer Zeit …

✓ In Märchen gibt es **fantastische** Figuren, Orte und Dinge.

> Zauberer, Hexen, Feen, …
> Zauberschlösser, Zauberstäbe, …

✓ Eine Figur in einem Märchen ist immer entweder **gut** oder **böse**. Am Ende siegt stets das Gute.

✓ Die Zahlen **3**, **7** und **12** kommen häufig vor.

> 3 Wünsche, 7 Zwerge, 12 gute Feen, …

Texte lesen: Besondere Erzählformen

✓ Es kommen oft **Sprichwörter** und **Zauberformeln** vor, die sich manchmal wiederholen.

> Rapunzel, Rapunzel,
> lass dein Haar herunter.

✓ Märchen **enden** oft mit bestimmten Sätzen.

> Und wenn sie nicht gestorben sind,
> dann leben sie noch heute.

Fabeln

→ Eine **Fabel** ist eine kurze Geschichte über **Tiere**, die sich wie Menschen verhalten. Fabeln werden erzählt, um aus dem Beispiel der Tiere eine Lehre für die Menschen zu ziehen. Fabeln gibt es schon seit vielen Jahrhunderten.

Tipps zum Erkennen einer Fabel:

✓ **Tiere** handeln, denken und fühlen wie Menschen.

✓ Einigen Tieren werden **bestimmte Eigenschaften** zugeschrieben.

> der schlaue Fuchs   der dumme Esel   die sture Ziege

✓ Die Tiere sind oft Gegner und führen **Streitgespräche** miteinander.

✓ Im letzten Satz wird meist noch einmal gesagt, was wir aus der Fabel **lernen** sollen.

Texte lesen: Besondere Erzählformen

Sagen

→ Eine **Sage** ist eine mündlich weitergegebene Erzählung über unglaubliche Begebenheiten in der Vergangenheit. Eine Sage hat aber immer einen **wahren Kern**.

Wenn **seltsame Dinge** passierten, die sich die Menschen nicht erklären konnten, erfanden sie eine Geschichte und erzählten sie immer weiter. Jeder neue Erzähler schmückte die Geschichte mit seiner Fantasie aus und veränderte sie leicht. Diese Geschichten nennt man Sagen.

Tipps zum Erkennen einer Sage:

✓ Sagen handeln von **unglaublichen** Begebenheiten, die schon **lange zurückliegen**.

✓ Es wird allerdings genau angegeben, **wann** und **wo** sich die Geschichte ereignete, zum Beispiel an einem bestimmten Fluss oder in einem bestimmten Gebirge.

✓ Eine Sage hat keinen bestimmten Verfasser, da sie nur mündlich weitererzählt wurde.

Texte lesen: Besondere Erzählformen

Gedichte

→ Ein **Gedicht** ist ein Text in einer bestimmten **Form**.

Meistens besteht ein Gedicht aus mehreren **Gedichtzeilen** (**Verse**). Am Ende der Verse stehen oft Wörter, die sich **reimen**.

Mehrere Verse bilden zusammen eine **Strophe**.

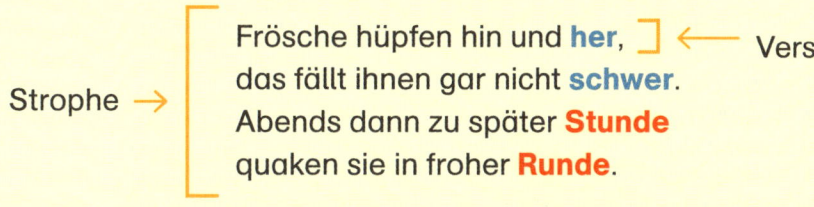

Es gibt viele verschiedene **Arten** von Gedichten:
Gedichte können lustig oder traurig sein. Gedichte können lang oder kurz sein. Ein Gedicht kann eine Geschichte erzählen oder ein Gefühl beschreiben. Es gibt auch Gedichte zu bestimmten Jahreszeiten.

Wenn du ein Gedicht mit Betonung **vortragen** willst, lies es dir erst leise durch, damit du verstehst, worum es geht. Übe dann, den Text mit der passenden Betonung vorzutragen. Bei längeren Gedichten kannst du zunächst auch kleinere Abschnitte üben.

Mathematik

Zahlen

Unser Zahlensystem

→ Mit **Zahlen** stellst du **Mengen** einfach und schnell dar.

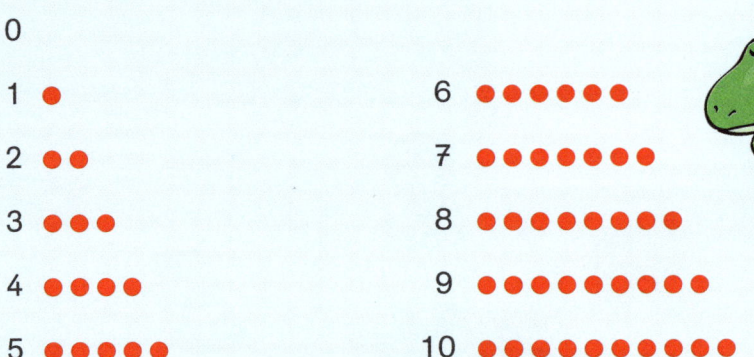

0		6	●●●●●●
1	●	7	●●●●●●●
2	●●	8	●●●●●●●●
3	●●●	9	●●●●●●●●●
4	●●●●	10	●●●●●●●●●●
5	●●●●●		

→ In unserem **Zahlensystem** bündelst du immer **10** zu einer größeren Einheit.

10 Einer (E) → 1 Zehner (Z)

●●●●●●●●●● → |

10 Zehner (Z) → 1 Hunderter (H)

|||||||||| → ■

10 Hunderter (H) → 1 Tausender (T)

10 Tausender (T) → 1 Zehntausender (ZT)

10 Zehntausender (ZT) → 1 Hunderttausender (HT)

10 Hunderttausender (HT) → 1 Million (M)

Zahlen

> **!** So bauen sich die großen Zahlen auf:
>
> | | |
> |---|---|
> | Zehner (Z): | 1 · 10 = 10 |
> | Hunderter (H): | 1 · 10 · 10 = 100 |
> | Tausender (T): | 1 · 10 · 10 · 10 = 1000 |
> | Zehntausender (ZT): | 1 · 10 · 10 · 10 · 10 = 10 000 |
> | Hunderttausender (HT): | 1 · 10 · 10 · 10 · 10 · 10 = 100 000 |
> | Million (M): | 1 · 10 · 10 · 10 · 10 · 10 · 10 = 1 000 000 |

Zahldarstellungen

1 Der Zahlenstrahl

Du kannst Zahlen auf einem **Zahlenstrahl** anordnen. Jede Zahl hat auf dem Zahlenstrahl ihren festen Platz.

Sieh dir einen Zahlenstrahl immer erst genau an. Achte darauf, ob er in Einer-, Zehner-, Hunderter- oder noch größeren Schritten aufgebaut ist.

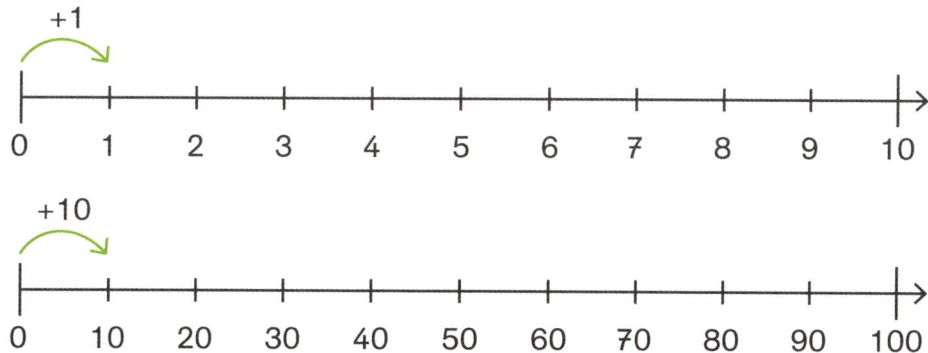

Zahlen

2 Die Stellenwerttafel

Du kannst jede Zahl in Einer, Zehner, Hunderter ... zerlegen und in eine **Stellenwerttafel** eintragen. Jede Stelle der Zahl hat eine eigene Spalte.

25 = 20 + 5 = 2Z 5E

Z	E
2	5

Lasse keine Stelle aus! Auch die **Nullen** müssen eingetragen werden.

50 = 5Z 0E

Z	E
5	0

508 = 5H 0Z 8E

H	Z	E
5	0	8

860 481 = 8 HT 6 ZT 0T 4H 8Z 1E

HT	ZT	T	H	Z	E
8	6	0	4	8	1

3 Die Hundertertafel

In der **Hundertertafel** werden die Zahlen von **1 bis 100** in Zehnerreihen dargestellt.

Alle Zahlen, die **nebeneinander** stehen, werden von links nach rechts **um 1 größer**.
Alle Zahlen, die **untereinander** stehen, werden von oben nach unten **um 10 größer**.

Zahlen

Nachbarzahlen

Jede Zahl hat zwei **Nachbarzahlen**: einen **Vorgänger** und einen **Nachfolger**.

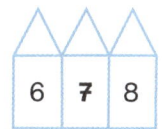

Die Zahl 6 ist der **Vorgänger** der Zahl 7.
Die Zahl 8 ist der **Nachfolger** der Zahl 7.

Du kannst auch die **Nachbarzehner**, **-hunderter**, **-tausender**, **-zehntausender** oder **-hunderttausender** einer Zahl bestimmen. Dafür zählst du einfach bis zum nächsten Zehner, Hunderter, Tausender ... vor und zurück.

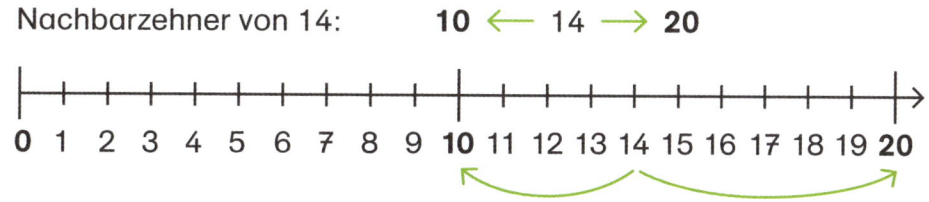

Zahlen

Nachbarhunderter: **300** ← 364 → **400**

Nachbartausender: **265 000** ← 265 364 → **266 000**

Nachbarzehntausender: **260 000** ← 265 364 → **270 000**

Nachbarhunderttausender: **200 000** ← 265 364 → **300 000**

Gerade und ungerade Zahlen

→ Eine **gerade Zahl** kannst du **ohne Rest** durch 2 teilen.
Eine **ungerade Zahl** kannst du nur **mit Rest** durch 2 teilen.

Die **geraden Zahlen bis 10** heißen: 2, 4, 6, 8, 10.
Auch die Zahl **0** gehört zu den geraden Zahlen.

Die **ungeraden Zahlen bis 10** heißen: 1, 3, 5, 7, 9.

! Sieh dir bei **größeren Zahlen** immer die **letzte Ziffer** an.
Sie verrät dir, ob die Zahl gerade oder ungerade ist.

Alle Zahlen, deren letzte Ziffer gerade ist, sind gerade Zahlen.

572 → 2 ist eine gerade Zahl. → 572 ist eine gerade Zahl.

Alle Zahlen, deren letzte Ziffer ungerade ist, sind ungerade Zahlen.

43 → 3 ist eine ungerade Zahl. → 43 ist eine ungerade Zahl.

Zahlen

Primzahlen

→ Eine **Primzahl** ist nur **durch 1** und **durch sich selbst** ohne Rest teilbar.

Das bedeutet: Zu jeder Primzahl gibt es genau **zwei Geteiltaufgaben**.

Die **2 ist** eine Primzahl, denn:
2 : 1 = 2   **2** : 2 = 1

Die **3 ist** eine Primzahl, denn:
3 : 1 = 3   **3** : 3 = 1

Die **4 ist keine** Primzahl, denn:
4 : 1 = 4   **4** : 4 = 1   **4** : 2 = 2   Das sind 3 Geteiltaufgaben.

Die **1 ist keine** Primzahl, denn:
1 : 1 = 1   Eine weitere Geteiltaufgabe gibt es nicht.

Die ersten Primzahlen heißen: 2, 3, 5, 7, 11, 13, 17...

Quadratzahlen

→ Eine **Quadratzahl** erhältst du, wenn du eine Zahl mit sich selbst multiplizierst (malnimmst).

Die ersten 10 Quadratzahlen heißen:

1	4	9	16	25	36	49	64	81	100
1·1	2·2	3·3	4·4	5·5	6·6	7·7	8·8	9·9	10·10

Zahlen

Zahlen zerlegen

→ Zahlen lassen sich **zerlegen**. Du kannst dir Zerlegungen am besten mit einer Schüttelbox vorstellen. Wenn du sie schüttelst, verteilen sich die Kugeln unterschiedlich auf beide Seiten.

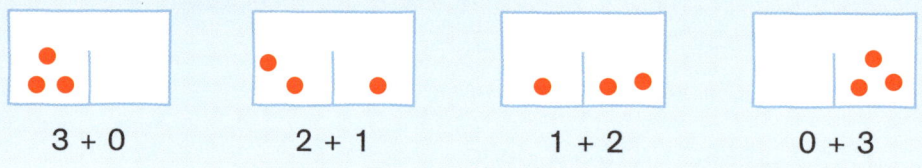

> **!** Merke dir die möglichen **Zerlegungen** der Zahl **10**. Das hilft dir beim Rechnen mit Zehnerübergang!
>
>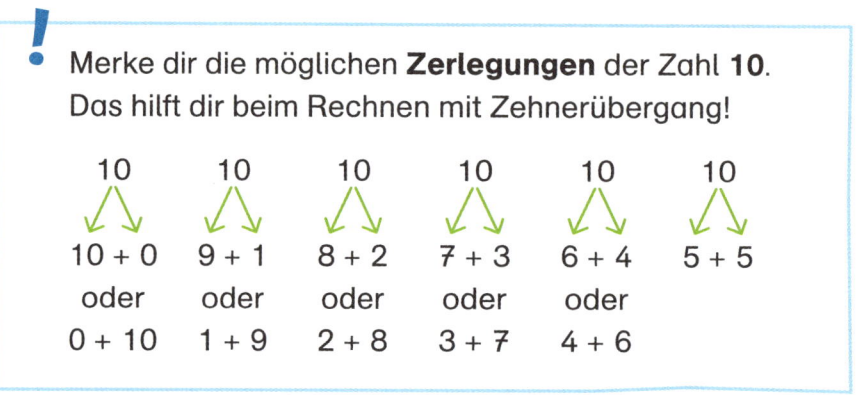

Mehrstellige Zahlen kannst du immer auch in ihre Stellenwerte zerlegen.

$$18 = 10 + 8$$
$$769 = 700 + 60 + 9$$
$$12\,578 = 10\,000 + 2\,000 + 500 + 70 + 8$$
$$385\,241 = 300\,000 + 80\,000 + 5\,000 + 200 + 40 + 1$$

Zahlen

Zahlen runden

Zahlen kannst du **runden**. Das bedeutet, dass du nicht die genaue Zahl nennst, sondern die nächste Zahl, die einen ganzen Zehner, Hunderter, Tausender ... hat. Du erhältst dann eine **ungefähre** Angabe.

Vor eine gerundete Zahl setzt du das **Rundungszeichen**: ≈

234 „ist ungefähr" 200

schreibst du so: 234 ≈ 200

→ Achte beim Runden immer auf die Ziffer, die hinter der zu rundenden Stelle steht.

0, 1, 2, 3, 4: Du rundest ab.   **5, 6, 7, 8, 9**: Du rundest auf.

Rundest du **auf den Zehner**, achte auf die Einerstelle.

58**1** gerundet auf den Zehner: ≈ 580

Die Zahl hat **1** Einer. Du rundest **ab**.

Rundest du **auf den Hunderter**, achte auf die Zehnerstelle.

5**8**1 gerundet auf den Hunderter: ≈ 600

Die Zahl hat **8** Zehner. Du rundest **auf**.

Zahlen

Rundest du **auf den Tausender**, achte auf die Hunderterstelle.

14**5**81 gerundet auf den Tausender: ≈ 15 000

Die Zahl hat **5** Hunderter. Du rundest **auf**.

Rundest du **auf den Zehntausender**, achte auf die Tausenderstelle.

1**4**581 gerundet auf den Zehntausender: ≈ 10 000

Die Zahl hat **4** Tausender. Du rundest **ab**.

Rundest du **auf den Hunderttausender**, achte auf die Zehntausenderstelle.

7**1**4 581 gerundet auf den Hunderttausender: ≈ 700 000

Die Zahl hat **1** Zehntausender. Du rundest **ab**.

6 682 Bonbons sind ungefähr 7 000 Bonbons.

Zahlen

Römische Zahlen

Vor 2 000 Jahren benutzten die Römer andere Zahlzeichen als wir heute. Du findest römische Zahlen oft noch an alten Gebäuden oder auf dem Zifferblatt einer Uhr.

Die römischen Zahlen werden aus sieben verschiedenen **Buchstaben** zusammengesetzt. Jeder Buchstabe hat einen bestimmten Wert:

I	V	X	L	C	D	M
1	5	10	50	100	500	1 000

Wenn der Wert der Zeichen von links nach rechts **kleiner** wird, **zählst** du sie **zusammen**.

VI = 5 + 1 = 6
XV = 10 + 5 = 15

Wenn der Wert der Zeichen von links nach rechts **größer** wird, **ziehst** du sie voneinander **ab**.

IV = 5 − 1 = 4
IX = 10 − 1 = 9

Gleiche Zeichen werden zusammengezählt:

XX = 10 + 10 = 20

So können auch **größere Zahlen** gebildet werden:

CXIV = 100 + 10 + 5 − 1 = 114
DLXXX = 500 + 50 + 10 + 10 + 10 = 580

Zahlen

Tabellen, Diagramme und Schaubilder

→ Eine **Tabelle** hilft dir, wenn du viele Zahlen auf einen Blick sehen willst. So kannst du die Zahlen gut vergleichen.

Was wird in der Pause am meisten verkauft?

	Saft	Milch	Gebäck	Brötchen	Apfel
Anzahl	56	28	52	(89)	62

Besonders anschaulich kannst du Zahlen in **Diagrammen** darstellen.

→ In einem **Säulendiagramm** kannst du an der **Höhe** der Balken erkennen, wie groß die Zahlen sind.

Zahlen

Je nachdem, wie die Zahlenschritte im Diagramm sind, **rundest** du die Zahlen → siehe S. 75 – 76. Unsere Diagramme sind in Zehnerschritte eingeteilt. Daher wurden alle Zahlen auf den Zehner gerundet.

→ In einem **Balkendiagramm** (**Streifendiagramm**) liest du an der **Länge** der Balken ab, wie groß die Zahlen sind.

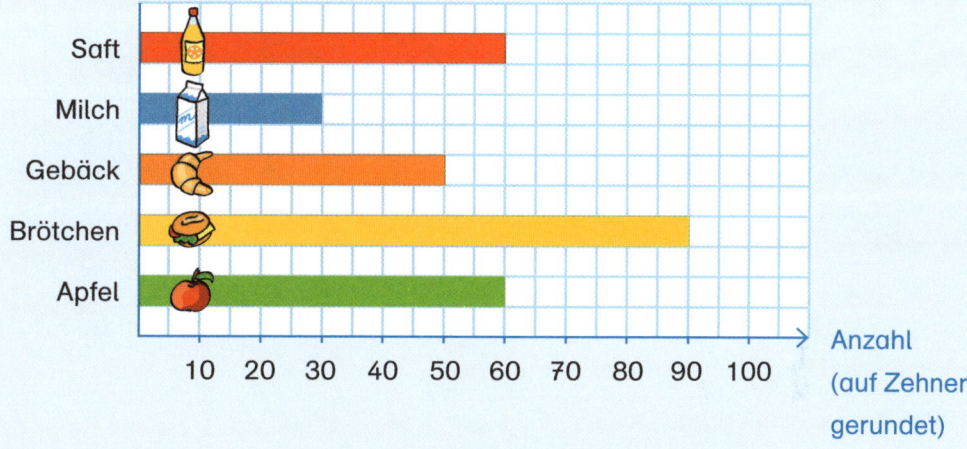

Zahlen

→ Du kannst Zahlen auch in einem **Schaubild** darstellen. Anzahlen können hier mit verschiedenen **Zeichen** dargestellt werden.

⚲ steht für 50 Schüler.

⚲ steht für 20 Schüler.

⚲ steht für 10 Schüler.

	Saft	Milch	Gebäck	Brötchen	Apfel
Anzahl	⚲⚲	⚲⚲	⚲	⚲⚲⚲	⚲⚲

Das kleinste Zeichen steht für 10 Schüler. Deshalb sind alle Zahlen auf den Zehner gerundet → siehe S. 75 – 76.

Eine Nebenrechnung kann dir helfen, die richtigen Zeichen zu finden.

56 Kinder kaufen Saft.

$56 \approx 60$

$60 = 50 + 10$ → ⚲⚲

Rechnen

Die vier Grundrechenarten

→ Das **Plusrechnen** nennt man **Addition**. Bei Plusaufgaben wird etwas **hinzugefügt (addiert)**.

Summand	+	Summand	=	Summe
↓		↓		↓
5	+	4	=	9

→ Das **Minusrechnen** nennt man **Subtraktion**. Bei Minusaufgaben wird von einer Menge etwas **weggenommen (subtrahiert)**.

Minuend	−	Subtrahend	=	Differenz
↓		↓		↓
6	−	2	=	4

→ Das **Malnehmen** nennt man **Multiplikation**.

Faktor	·	Faktor	=	Produkt
↓		↓		↓
2	·	3	=	6

Alle Zahlen aus der Einmaleinsreihe einer Zahl sind ihre **Vielfachen**. Es gibt unendlich viele Vielfache einer Zahl, weil die Reihe immer weitergeführt werden kann.

Vielfache der Zahl **8** sind: 8, 16, 24, 32, 40, 48, 56, 64, 72, 80, 88, 96…

Rechnen

→ Das **Teilen** nennt man **Division**.

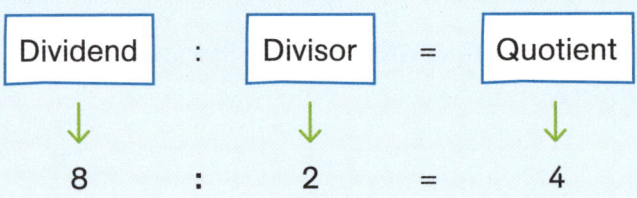

Dividend : Divisor = Quotient

8 : 2 = 4

Die Zahlen, durch die eine Zahl ohne Rest teilbar ist, heißen **Teiler**.

Die Zahl **20** hat die Teiler **1**, **2**, **4**, **5**, **10** und **20**.

Tauschaufgaben

→ Bei **Plusaufgaben** (Addition) und **Malaufgaben** (Multiplikation) kannst du eine **Tauschaufgabe** bilden. Das Ergebnis bleibt dabei gleich.

3 + 6 = 9   24 + 63 = 87

6 + 3 = 9   63 + 24 = 87

4 · 3 = 12

3 · 4 = 12

Rechnen

Umkehraufgaben

→ Zu jeder **Minusaufgabe** kannst du eine **Plusaufgabe** bilden. Mit dieser Umkehraufgabe kannst du dein Ergebnis überprüfen.

Aufgabe: 6 − 2 = 4

Umkehraufgabe: 4 + 2 = 6

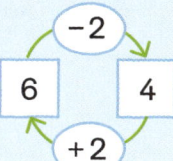

Du kannst auch zu jeder Plusaufgabe eine Minusaufgabe bilden.

Aufgabe: 4 + 2 = 6

Umkehraufgabe: 6 − 2 = 4

→ Zu jeder **Geteiltaufgabe** kannst du als Umkehraufgabe eine passende **Malaufgabe** bilden.

Aufgabe: 8 : 2 = 4

Umkehraufgabe: 4 · 2 = 8

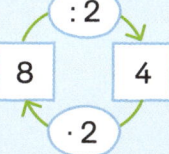

Auch zu Geteiltaufgaben **mit Rest** gibt es eine Umkehraufgabe.

Aufgabe: 9 : 2 = 4 Rest 1

Umkehraufgabe: 4 · 2 = 8   8 + 1 = 9

Du kannst auch zu jeder Malaufgabe eine Geteiltaufgabe bilden.

Aufgabe: 4 · 2 = 8

Umkehraufgabe: 8 : 2 = 4

Rechnen

Kernaufgaben

→ **Kernaufgaben** sind alle Malaufgaben mit **1, 2, 5** und **10**.
Du kannst jede Einmaleinsaufgabe in Kernaufgaben zerlegen.

3 · 3 = $\boxed{2 \cdot 3}$ + $\boxed{1 \cdot 3}$ 7 · 3 = $\boxed{5 \cdot 3}$ + $\boxed{2 \cdot 3}$

Nullaufgaben

Addierst du die **Null** (0) zu einer Zahl oder **subtrahierst** du die **Null** (0) von einer Zahl, **bleibt diese Zahl gleich**.

5 + 0 = 5   5 − 0 = 5

Multiplizierst du eine Zahl mit **Null** (0), ist das **Ergebnis** immer **0**.

5 · 0 = 0   0 · 5 = 0

Dividierst du die **Null** (0) durch eine Zahl, ist das **Ergebnis** immer **0**.

0 : 5 = 0

Wichtige Rechenregeln

 Achtung: Du darfst eine Zahl nie durch **Null** (0) teilen!

Rechnen

→ **Punkt vor Strich:** Rechne immer zuerst die Punktrechnungen (· oder :) und dann erst die Strichrechnungen (+ oder –).

$$6 \cdot 5 + 20 = \qquad 10 + 12 : 3 =$$
$$30 + 20 = 50 \qquad 10 + 4 = 14$$

→ Was in **Klammern** steht, rechnest du **zuerst**.

$$(2 + 7) \cdot 3 = \qquad 30 : (9 - 6) =$$
$$9 \cdot 3 = 27 \qquad 30 : 3 = 10$$

Halbschriftliche Addition

→ Große Zahlen kannst du **halbschriftlich addieren**.

1. Möglichkeit:
Du zerlegst die zweite Zahl und addierst Schritt für Schritt.

3	7	6	+	5	8	2	=			
3	7	6	+	5	0	0	=	8	7	6
8	7	6	+		8	0	=	9	5	6
9	5	6	+			2	=	9	5	8
3	7	6	+	5	8	2	=	9	5	8

2. Möglichkeit:
Du zerlegst beide Zahlen und addierst Schritt für Schritt.

3	7	6	+	5	8	2	=			
3	0	0	+	5	0	0	=	8	0	0
	7	0	+		8	0	=	1	5	0
		6	+			2	=			8
3	7	6	+	5	8	2	=	9	5	8

Bei beiden Rechenwegen kannst du auch zuerst die Einer, dann die Zehner und dann die Hunderter addieren.

Rechnen

→ Beim halbschriftlichen Addieren kannst du auch **Rechenvorteile** nutzen.

3	7	6	+	5	8	0	=			
3	7	6	+	6	0	0	=	9	7	6
9	7	6	−		2	0	=	9	5	6
3	7	6	+	5	8	0	=	9	5	6

Die Zahl 580 liegt nah an der 600, daher kannst du zuerst 600 addieren und danach wieder 20 abziehen.

Schriftliche Addition

→ Beim **schriftlichen Addieren** kannst du zwei oder auch mehrere Zahlen zusammenzählen. Es ist wichtig, dass du die Zahlen **stellengerecht** untereinander schreibst, also Einer unter Einer, Zehner unter Zehner, Hunderter unter Hunderter. Addiere **von rechts nach links** jede Stelle einzeln. Du kannst von oben nach unten oder auch von unten nach oben addieren.

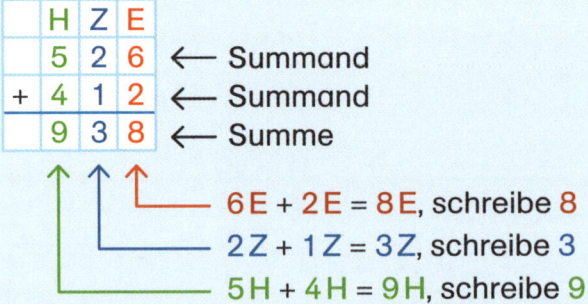

Rechnen

→ Wenn das Ergebnis in einer Spalte **größer als 9** ist, rechnest du mit einem **Übertrag**. Du wechselst dabei von einer Stelle in die nächsthöhere Stelle: 10 Einer werden zu 1 Zehner, 10 Zehner werden zu 1 Hunderter und 10 Hunderter werden zu 1 Tausender. Schreibe den Übertrag unter die nächsthöhere Stelle und addiere ihn dort dazu.

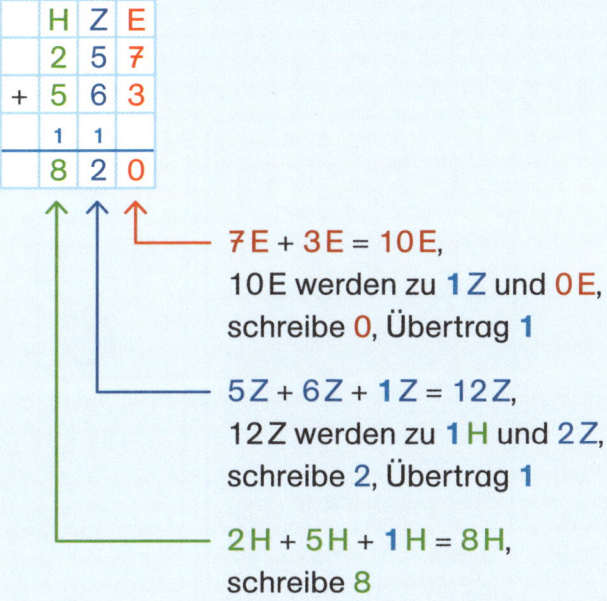

7 E + 3 E = 10 E,
10 E werden zu 1 Z und 0 E,
schreibe 0, Übertrag 1

5 Z + 6 Z + 1 Z = 12 Z,
12 Z werden zu 1 H und 2 Z,
schreibe 2, Übertrag 1

2 H + 5 H + 1 H = 8 H,
schreibe 8

Rechnen

Den **Übertrag** kannst du dir mithilfe von Geld gut vorstellen. Du wechselst zehn 1-€-Münzen in einen 10-€-Schein um. Zehn 10-€-Scheine wechselst du in einen 100-€-Schein um.

H	Z	E
2	6	7
+ 5	4	3
1	1	
8	1	0

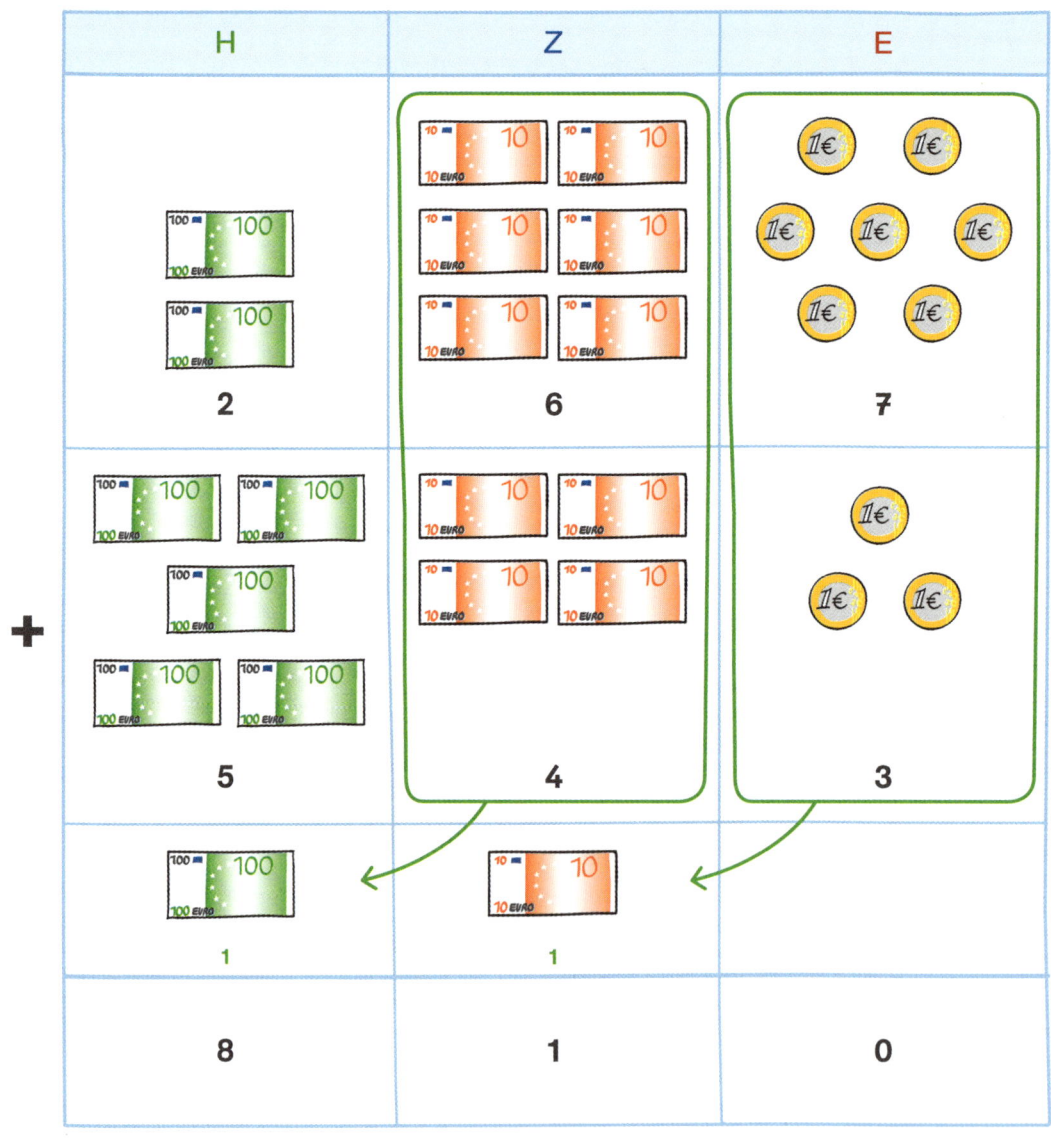

Rechnen

→ Wenn du **mehrere Zahlen** auf einmal addierst, kann der **Übertrag** auch **größer als 1** sein.

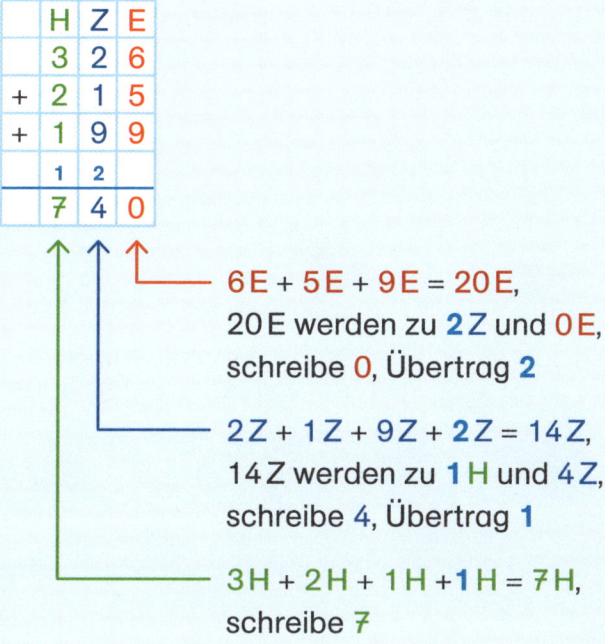

6 E + 5 E + 9 E = 20 E,
20 E werden zu **2 Z** und 0 E,
schreibe 0, Übertrag 2

2 Z + 1 Z + 9 Z + **2** Z = 14 Z,
14 Z werden zu **1 H** und 4 Z,
schreibe 4, Übertrag 1

3 H + 2 H + 1 H +**1** H = 7 H,
schreibe 7

! Überprüfe deine Lösung, indem du in umgekehrter Richtung addierst, also von unten nach oben oder von oben nach unten.

Rechnen

Halbschriftliche Subtraktion

→ Beim **halbschriftlichen Subtrahieren** zerlegst du die Zahl, die du abziehen willst. Dann rechnest du Schritt für Schritt.

3	7	6	–	2	6	3	=			
3	7	6	–	2	0	0	=	1	7	6
1	7	6	–		6	0	=	1	1	6
1	1	6	–			3	=	1	1	3
3	7	6	–	2	6	3	=	1	1	3

Hier wurden zuerst die Hunderter, dann die Zehner und dann die Einer abgezogen. Aber du könntest auch zuerst die Einer, dann die Zehner und danach die Hunderter subtrahieren.

→ Beim halbschriftlichen Subtrahieren kannst du auch **Rechenvorteile** nutzen.

3	7	6	–	2	9	0	=		
3	7	6	–	3	0	0	=		7	6
	7	6	+		1	0	=	8	6
3	7	6	–	2	9	0	=	8	6

Die Zahl 290 liegt nah an der 300, daher kannst du zuerst 300 abziehen und danach wieder 10 dazuzählen.

Rechnen

Schriftliche Subtraktion

→ Bei der **schriftlichen Subtraktion** schreibst du die Zahlen **stellengerecht** untereinander: oben die größere, unten die kleinere Zahl.

	H	Z	E	
	9	3	6	← Minuend
−	4	1	3	← Subtrahend
	5	2	3	← Differenz

Für das schriftliche Subtrahieren gibt es zwei mögliche Rechenwege: das **Abziehverfahren** → siehe S. 91 – 95 und das **Ergänzungsverfahren** → siehe S. 96 – 98. Welches Rechenverfahren verwendest du an deiner Schule? Springe zur richtigen Seite.

1 Das Abziehverfahren

→ Beim **Abziehverfahren** ziehst du von der oberen Zahl die untere ab. Beginne immer bei den Einern.

	H	Z	E
	9	5	4
−	3	4	1
	6	1	3

4 E − 1 E = 3 E, schreibe 3
5 Z − 4 Z = 1 Z, schreibe 1
9 H − 3 H = 6 H, schreibe 6

Rechnen

→ Ist die **untere Ziffer größer** als die obere, gibt es einen **Übertrag**. Du addierst zur oberen Ziffer 10 dazu. In der nächsthöheren Spalte hast du jetzt 1 weniger.

Schreibe so:

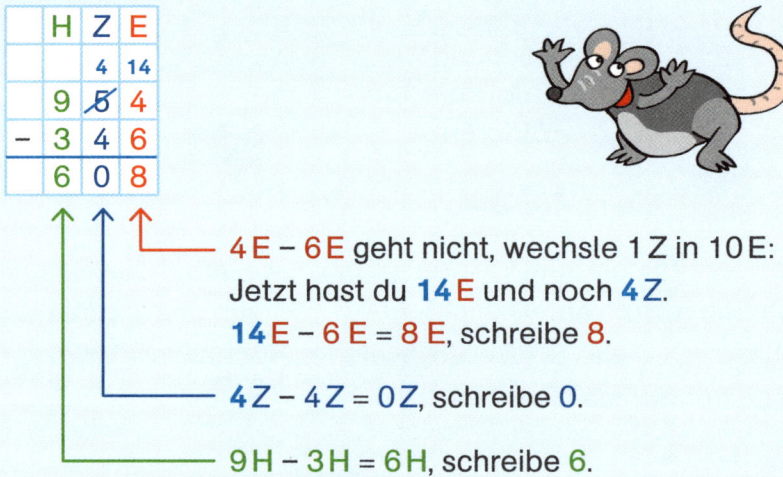

- 4 E – 6 E geht nicht, wechsle 1 Z in 10 E: Jetzt hast du **14 E** und noch **4 Z**. **14 E** – 6 E = 8 E, schreibe **8**.
- **4 Z** – 4 Z = 0 Z, schreibe **0**.
- 9 H – 3 H = 6 H, schreibe **6**.

Oder so:

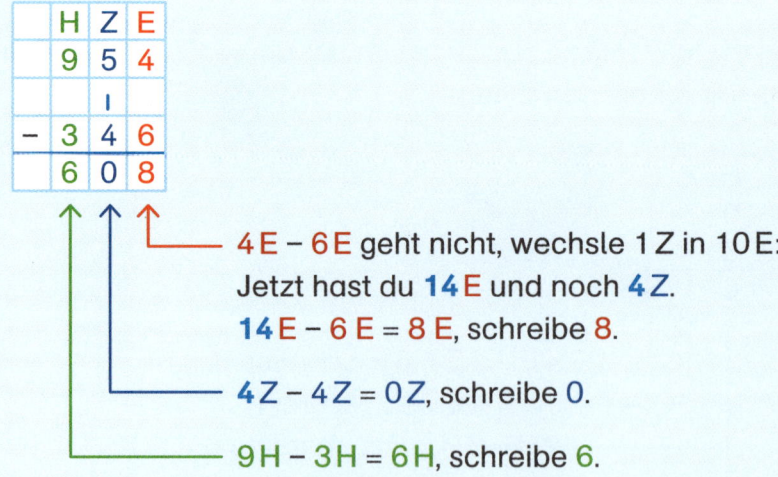

- 4 E – 6 E geht nicht, wechsle 1 Z in 10 E: Jetzt hast du **14 E** und noch **4 Z**. **14 E** – 6 E = 8 E, schreibe **8**.
- **4 Z** – 4 Z = 0 Z, schreibe **0**.
- 9 H – 3 H = 6 H, schreibe **6**.

Rechnen

→ Genauso rechnest du auch, wenn es **mehrere Zehnerübergänge** gibt.

Schreibe so:

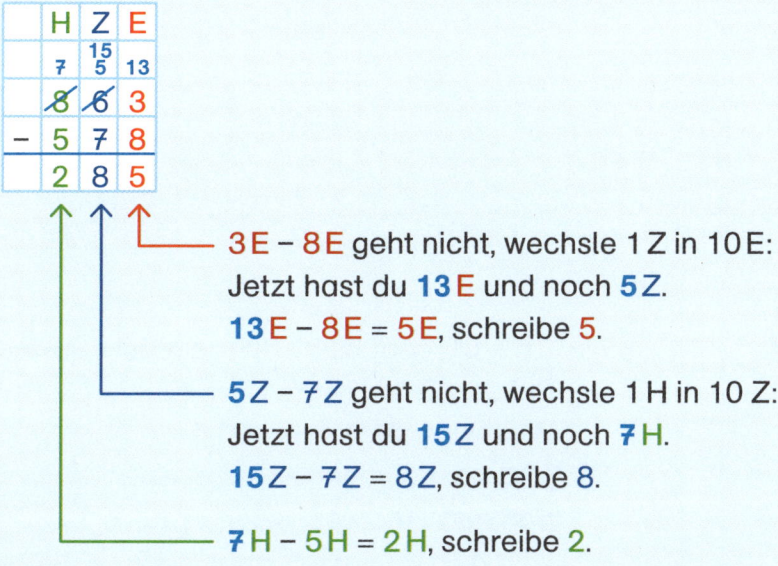

- 3E – 8E geht nicht, wechsle 1Z in 10E:
  Jetzt hast du 13E und noch 5Z.
  13E – 8E = 5E, schreibe 5.

- 5Z – 7Z geht nicht, wechsle 1H in 10Z:
  Jetzt hast du 15Z und noch 7H.
  15Z – 7Z = 8Z, schreibe 8.

- 7H – 5H = 2H, schreibe 2.

Oder so:

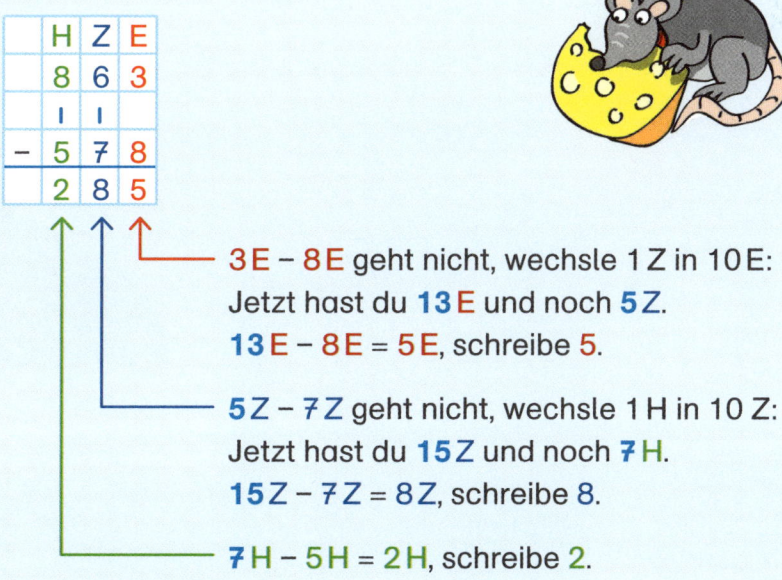

- 3E – 8E geht nicht, wechsle 1Z in 10E:
  Jetzt hast du 13E und noch 5Z.
  13E – 8E = 5E, schreibe 5.

- 5Z – 7Z geht nicht, wechsle 1H in 10Z:
  Jetzt hast du 15Z und noch 7H.
  15Z – 7Z = 8Z, schreibe 8.

- 7H – 5H = 2H, schreibe 2.

Rechnen

→ Wenn in der oberen Zahl eine **Null** vorkommt, musst du oft doppelt wechseln.

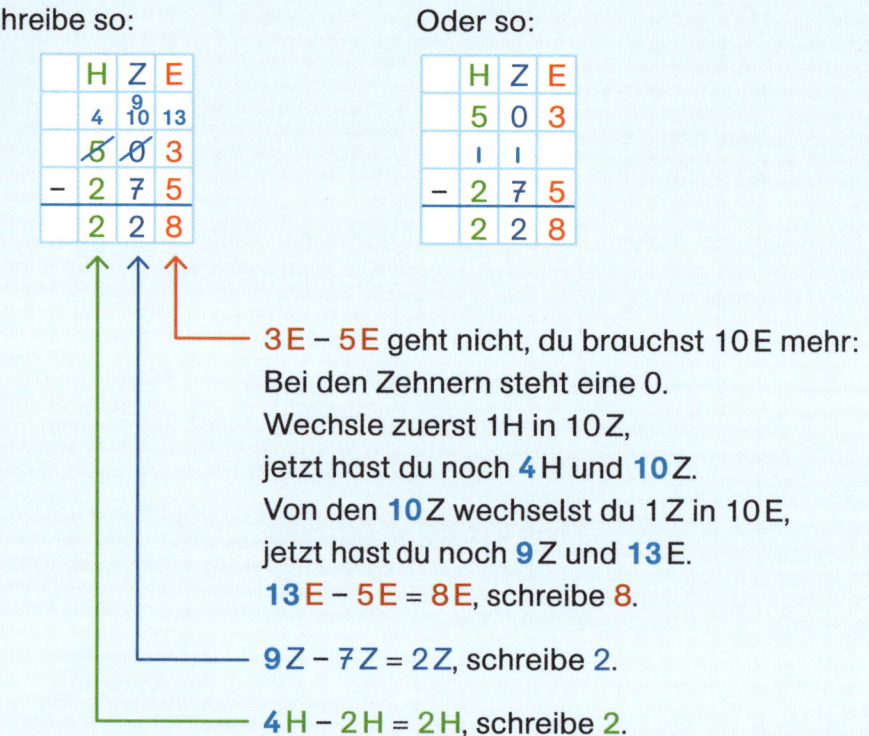

Schreibe so:

H	Z	E
4	9̶10̶	13
5̶	0̶	3
−2	7	5
2	2	8

Oder so:

H	Z	E
5	0	3
I	I	
−2	7	5
2	2	8

— 3E − 5E geht nicht, du brauchst 10E mehr:
Bei den Zehnern steht eine 0.
Wechsle zuerst 1H in 10Z,
jetzt hast du noch **4**H und **10**Z.
Von den **10**Z wechselst du 1Z in 10E,
jetzt hast du noch **9**Z und **13**E.
13E − 5E = **8**E, schreibe **8**.

— 9Z − 7Z = 2Z, schreibe 2.

— 4H − 2H = 2H, schreibe 2.

Rechnen

→ Du kannst auch **mehrere Zahlen** gleichzeitig subtrahieren. Ziehe alle unteren Ziffern von der obersten Ziffer ab. Dabei kann es sein, dass der **Übertrag größer als 1** ist.

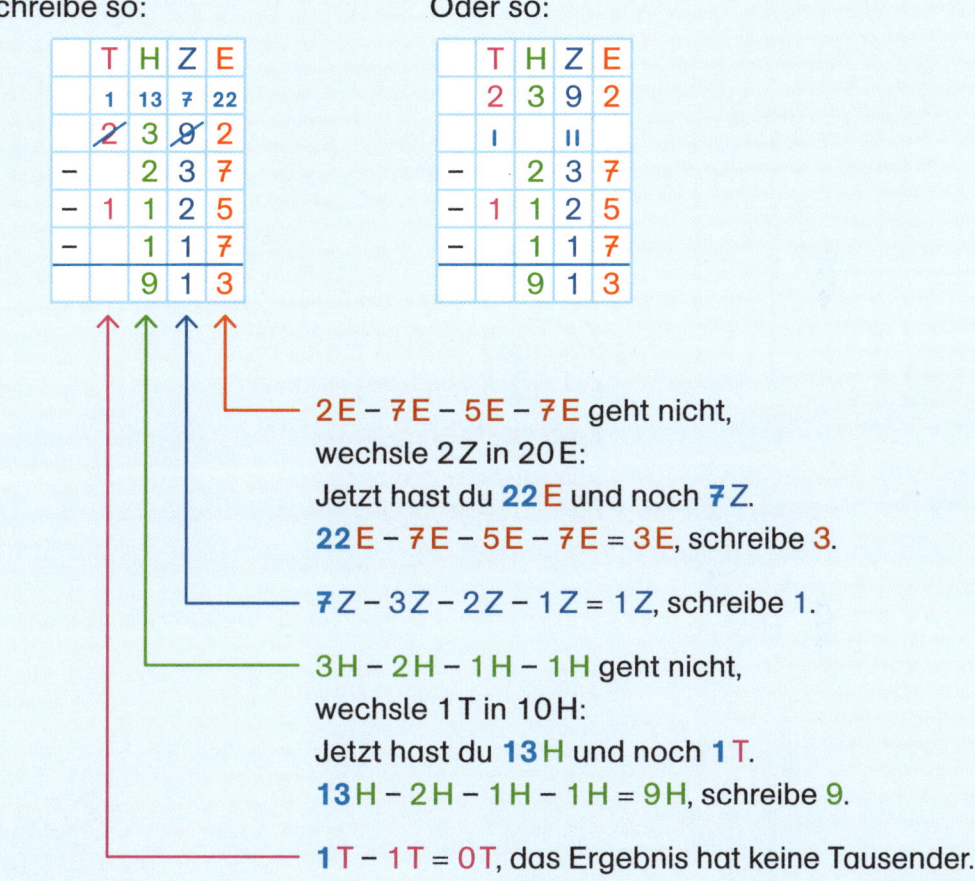

Schreibe so: Oder so:

- 2 E − 7 E − 5 E − 7 E geht nicht,
  wechsle 2 Z in 20 E:
  Jetzt hast du **22 E** und noch **7 Z**.
  22 E − 7 E − 5 E − 7 E = 3 E, schreibe 3.

- 7 Z − 3 Z − 2 Z − 1 Z = 1 Z, schreibe 1.

- 3 H − 2 H − 1 H − 1 H geht nicht,
  wechsle 1 T in 10 H:
  Jetzt hast du **13 H** und noch **1 T**.
  13 H − 2 H − 1 H − 1 H = 9 H, schreibe 9.

- 1 T − 1 T = 0 T, das Ergebnis hat keine Tausender.

Rechnen

2 Das Ergänzungsverfahren

→ Beim **Ergänzungsverfahren** ergänzt du von der unteren zur oberen Zahl. Dabei ergänzt du zuerst die Einer, dann die Zehner, dann die Hunderter und so weiter.

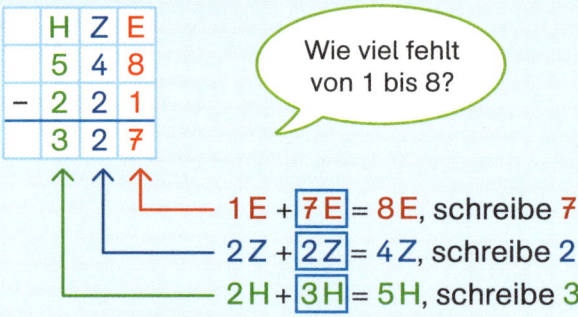

→ Ist die **untere Ziffer größer** als die obere, addierst du zur oberen Ziffer in Gedanken 10 dazu und schreibst den **Übertrag** in die nächste Spalte.

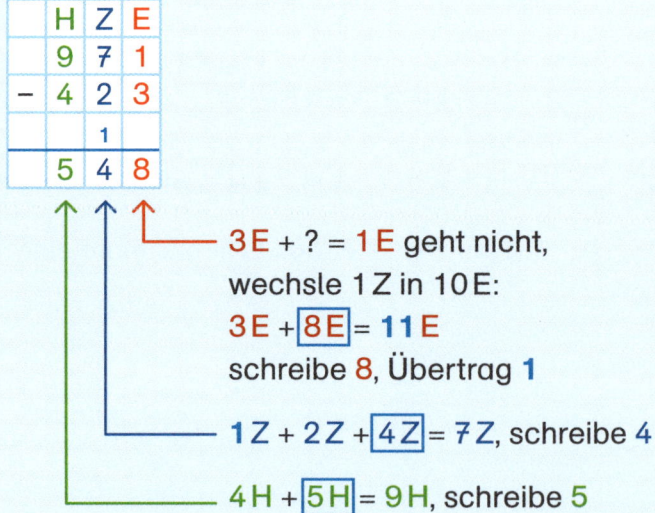

Rechnen

→ Genauso rechnest du auch, wenn es **mehrere Zehnerübergänge** gibt.

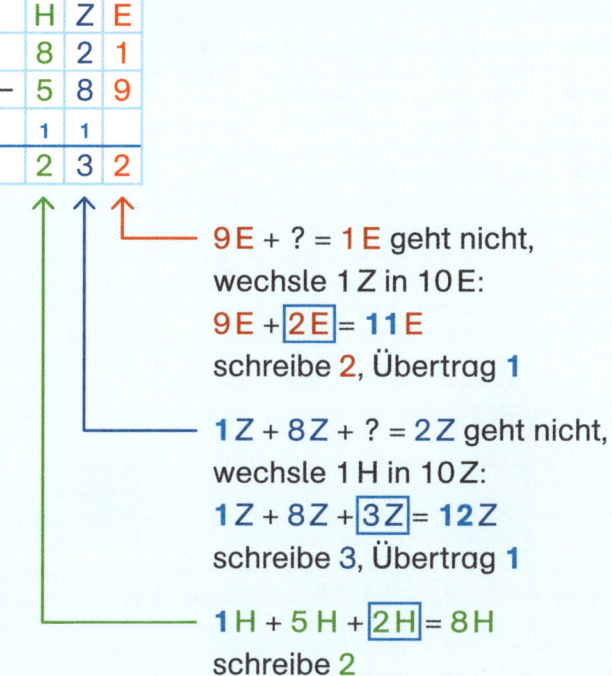

9 E + ? = 1 E geht nicht,
wechsle 1 Z in 10 E:
9 E + ⎢2 E⎢ = 11 E
schreibe 2, Übertrag 1

1 Z + 8 Z + ? = 2 Z geht nicht,
wechsle 1 H in 10 Z:
1 Z + 8 Z + ⎢3 Z⎢ = 12 Z
schreibe 3, Übertrag 1

1 H + 5 H + ⎢2 H⎢ = 8 H
schreibe 2

Rechnen

→ Du kannst auch **mehrere Zahlen** auf einmal subtrahieren. Addiere dann zunächst in Gedanken die unteren Ziffern, bevor du zur oberen Ziffer ergänzt. Dabei kann es sein, dass der **Übertrag größer als 1** ist.

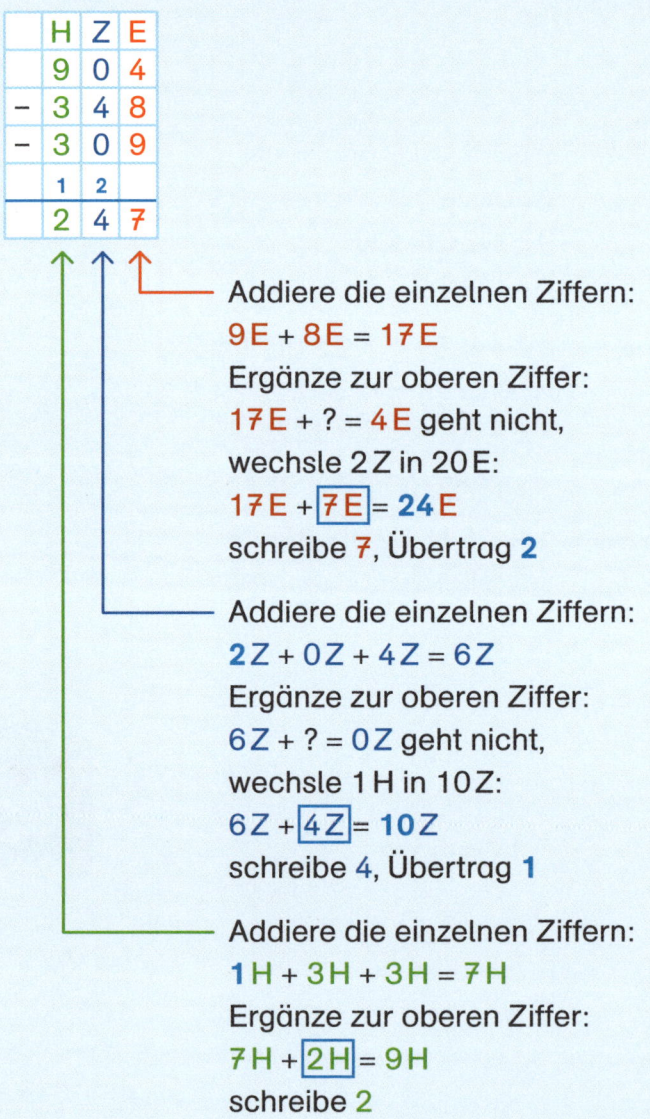

Rechnen

Halbschriftliche Multiplikation

→ Beim **halbschriftlichen Multiplizieren** zerlegst du die größere Zahl in Einer, Zehner, Hunderter ... Multipliziere jede Teilzahl in einer Aufgabe. Zum Schluss addierst du die Ergebnisse.

1	2	4	·	8	=			
1	0	0	·	8	=	8	0	0
	2	0	·	8	=	1	6	0
		4	·	8	=		3	2
1	2	4	·	8	=	9	9	2

Du kannst auch zuerst die E, dann die Z und dann die H multiplizieren.

→ Du kannst deinen Rechenweg auch verkürzt aufschreiben:

124 · 8 = 800 + 160 + 32 = 992

Schriftliche Multiplikation

→ Beim **schriftlichen Multiplizieren** rechnest du Schritt für Schritt **von rechts nach links**. Du multiplizierst zuerst die Einer, dann die Zehner und danach die Hunderter.

Faktor · Faktor = Produkt

Rechnen

→ Ist ein **Teilergebnis größer als 10**, schreibst du nur die Einer auf. Du merkst dir die Zehner und addierst sie zum nächsten Teilergebnis hinzu.

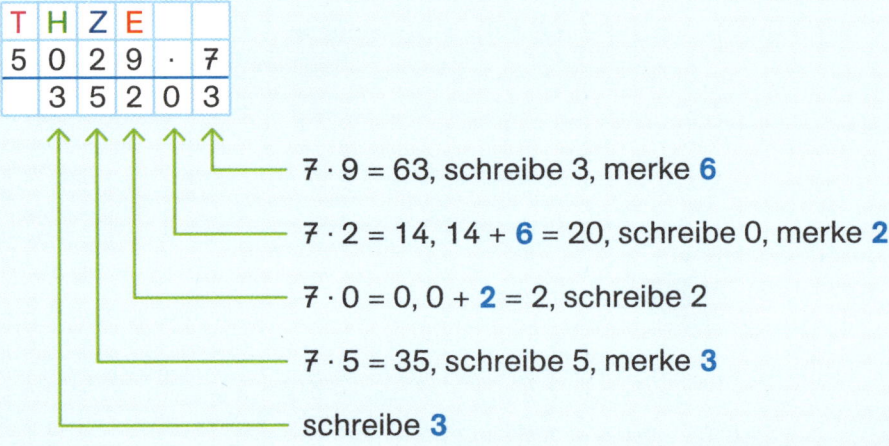

7 · 9 = 63, schreibe 3, merke **6**

7 · 2 = 14, 14 + **6** = 20, schreibe 0, merke **2**

7 · 0 = 0, 0 + **2** = 2, schreibe 2

7 · 5 = 35, schreibe 5, merke **3**

schreibe **3**

Willst du eine ganze **Zehner-**, **Hunderter-** oder **Tausenderzahl** schriftlich malnehmen, multiplizierst du ihre höchste Stelle und hängst dann die Nullen an das Ergebnis an.

2	7	4	·	2	0	
		5	4	8	0	

2	7	4	·	2	0	0
	5	4	8	0	0	

2	7	4	·	2	0	0	0
	5	4	8	0	0	0	

Rechnen

→ Wenn der **zweite Faktor zweistellig** ist, multiplizierst du zuerst mit der Zehnerstelle und dann mit der Einerstelle. Am Ende addierst du die Teilergebnisse.

	7	0	3	·	3	4
		2	1	0	9	
			2	8	1	2
	2	3	9	0	2	

← Teilergebnis von 703 · 3
← Teilergebnis von 703 · 4
← Ergebnis von 21 090 + 2 812

Beim Addieren zählen die leeren Felder als Null.

Wenn der **zweite Faktor dreistellig** ist, multiplizierst du zuerst mit der Hunderterstelle, dann mit der Zehnerstelle und am Ende mit der Einerstelle. Dann addierst du die drei Teilergebnisse.

Achte darauf, dass du die Teilergebnisse immer **stellengerecht** aufschreibst.

	2	0	3	·	3	4	5
			6	0	9		
				8	1	2	
				1	0	1	5
		7	0	0	3	5	

← Teilergebnis von 203 · 3
← Teilergebnis von 203 · 4
← Teilergebnis von 203 · 5
← Ergebnis von 60 900 + 8 120 + 1 015

Rechnen

! Setze beim schriftlichen Multiplizieren den **kleineren Faktor nach hinten**, dann kannst du schneller rechnen:
Für die Aufgabe 543 · 26 brauchst du nur 2 Teilergebnisse, für die Aufgabe 26 · 543 brauchst du 3 Teilergebnisse!

5	4	3	·	2	6
	1	0	8	6	
		3	2	5	8
	1	4	1	1	8

2	6	·	5	4	3
	1	3	0		
		1	0	4	
				7	8
	1	4	1	1	8

Halbschriftliche Division

→ Beim **halbschriftlichen Dividieren** zerlegst du die erste Zahl in zwei oder mehr Teilzahlen, die sich leicht dividieren lassen. Dann dividierst du Schritt für Schritt jede Teilzahl in einer eigenen Aufgabe. Am Ende addierst du die Ergebnisse.

9	6	8	:	8			
8	0	0	:	8	=	1	0	0
1	6	0	:	8	=		2	0
		8	:	8	=			1
9	6	8	:	8	=	1	2	1

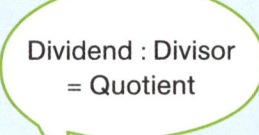

Dividend : Divisor = Quotient

Rechnen

→ Auch beim halbschriftlichen Dividieren kann es einen **Rest** geben. Vergiss nicht, diesen Rest aufzuschreiben.

9	6	9	:	8				
8	0	0	:	8	=	1	0	0
1	6	0	:	8	=		2	0
		9	:	8	=		1	R 1
9	6	9	:	8	=	1	2	1 R 1

Schriftliche Division

→ Beim **schriftlichen Dividieren** dividierst du eine Stelle nach der anderen. Beginne mit der höchsten Stelle.

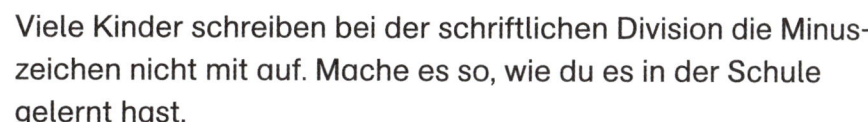

Teile: 6 : 4 = 1 Rest 2, schreibe 1
Umkehraufgabe: 1 · 4 = 4
Subtrahiere: 6 − 4 = 2

Hole herunter: 4
Teile: 24 : 4 = 6, schreibe 6
Umkehraufgabe: 6 · 4 = 24
Subtrahiere: 24 − 24 = 0

! Viele Kinder schreiben bei der schriftlichen Division die Minuszeichen nicht mit auf. Mache es so, wie du es in der Schule gelernt hast.

Rechnen

→ Ist die **erste Stelle kleiner als der Teiler**, fasst du die ersten beiden Stellen zusammen.

```
3 6 8 4 : 4 = 9 2 1
-3 6
   0 8
  - 8
    0 4
   - 4
      0
```

Teile: 36 : 4 = 9, schreibe 9
Umkehraufgabe: 9 · 4 = 36
Subtrahiere: 36 − 36 = 0

Hole herunter: 8
Teile: 8 : 4 = 2, schreibe 2
Umkehraufgabe: 2 · 4 = 8
Subtrahiere: 8 − 8 = 0

Hole herunter: 4
Teile: 4 : 4 = 1, schreibe 1
Umkehraufgabe: 1 · 4 = 4
Subtrahiere: 4 − 4 = 0

→ Im Ergebnis können auch **Nullen** stehen. Vergiss nicht, sie zu notieren.

```
6 2 4 : 6 = 1 0 4
-6
 0 2
  -0
   2 4
  -2 4
     0
```

Teile: 6 : 6 = 1, schreibe 1
Umkehraufgabe: 1 · 6 = 6
Subtrahiere: 6 − 6 = 0

Hole herunter: 2
Teile: 2 : 6 = 0 Rest 2, schreibe 0
Umkehraufgabe: 0 · 6 = 0
Subtrahiere: 2 − 0 = 2

Hole herunter: 4
Teile: 24 : 6 = 4, schreibe 4
Umkehraufgabe: 4 · 6 = 24
Subtrahiere: 24 − 24 = 0

Rechnen

→ Willst du durch eine **mehrstellige Zahl** teilen, sind die Rechenschritte die gleichen. Du teilst jede Stelle durch diese Zahl.

```
  2 8 8 : 1 2 = 2 4
- 2 4
    4 8
  - 4 8
      0
```

Teile: 28 : 12 = 2 Rest 4, schreibe 2
Umkehraufgabe: 2 · 12 = 24
Subtrahiere: 28 − 24 = 4

Hole herunter: 8
Teile: 48 : 12 = 4, schreibe 4
Umkehraufgabe: 4 · 12 = 48
Subtrahiere: 48 − 48 = 0

→ Bleibt am Ende ein **Rest**, schreibst du ihn hinter das Ergebnis.

```
  3 8 6 : 5 = 7 7 R 1
- 3 5
    3 6
  - 3 5
      1
```

! Überprüfe dein Ergebnis mit der Umkehraufgabe.
Vergiss dabei nicht, den Rest zu addieren. → siehe S. 83

Rechnen

Teilbarkeitsregeln

Diese Regeln verraten dir bereits **vor** deiner Rechnung, **ob du eine Zahl ohne Rest teilen kannst**. Merke dir die Teilbarkeitsregeln gut!

→ Eine Zahl ist **ohne Rest teilbar** durch …

... **2**, wenn ihre letzte Ziffer eine gerade Zahl oder 0 ist.

... **3**, wenn ihre Quersumme durch 3 teilbar ist.

... **4**, wenn ihre beiden letzten Ziffern eine durch 4 teilbare Zahl bilden.

... **5**, wenn ihre letzte Ziffer 0 oder 5 ist.

... **6**, wenn sie durch 2 und durch 3 teilbar ist.

... **8**, wenn ihre letzten drei Ziffern eine durch 8 teilbare Zahl bilden.

... **9**, wenn ihre Quersumme durch 9 teilbar ist.

... **10**, wenn ihre Endziffer 0 ist.

... **12**, wenn sie durch 3 und durch 4 teilbar ist.

... **15**, wenn sie durch 3 und durch 5 teilbar ist.

... **25**, wenn ihre beiden letzten Ziffern 00, 25, 50 oder 75 heißen.

... **100**, wenn ihre beiden letzten Ziffern 00 heißen.

 Die **Quersumme** einer Zahl ist die **Summe ihrer Ziffern**.

Quersumme der Zahl 216 : 2 + 1 + 6 = 9

Größen

Geld

→ In Deutschland und in vielen anderen europäischen Ländern bezahlen wir mit **Euro** (€) und **Cent** (ct).

Es gibt sechs verschiedene **Cent-Münzen**, zwei verschiedene **Euro-Münzen** und sieben verschiedene **Euro-Scheine**.

Münzen	Scheine
1ct, 2ct, 5ct, 10ct, 20ct, 50ct, 1€, 2€	5, 10, 20, 50, 100, 200, 500

Du kannst Geldbeträge aus Münzen und Scheinen unterschiedlich zusammensetzen.

6,52 € = 5 € + 1 € + 50 ct + 2 ct
6,52 € = 3 € + 2 € + 1 € + 50 ct + 2 ct

Größen

→ Für **Geldbeträge** gibt es verschiedene Schreibweisen.

6 Euro 52 Cent   6 € 52 ct   6,52 €   652 ct

→ Das **Komma** trennt Euro und Cent. **Vor** dem Komma stehen die Euro, **hinter** dem Komma stehen die Cent.

99 ct = 0 € 99 ct = 0,99 €
100 ct = 1,00 €
110 ct = 1 € 10 ct = 1,10 €

Bei Geldbeträgen gibt es immer **2 Stellen hinter dem Komma**. Die Stelle **nach** dem Komma ist die Zehnerstelle der Cent. Gibt es keine Zehner bei den Cent, schreibst du eine Null.

101 ct = 1 € 1 ct = 1,01 €

→ Vor dem **Rechnen mit Geldbeträgen** musst du immer alle Werte in die gleiche Einheit **umwandeln**. Entscheide, ob du mit Cent- oder mit Eurobeträgen rechnen möchtest.

$$3{,}12 \text{ €} + 62 \text{ ct} = ?$$

312 ct + 62 ct = 374 ct = 3,74 €
oder
3,12 € + 0,62 € = 3,74 €

Größen

Längen

→ Eine **Länge** kannst du in **Millimeter** (mm), **Zentimeter** (cm), **Dezimeter** (dm), **Meter** (m) oder **Kilometer** (km) angeben.

Du kannst dir die verschiedenen Maßeinheiten am besten vorstellen, wenn du dir zu jeder Einheit etwas Passendes merkst.

Ungefähr:

1 mm		Breite eines Striches
1 cm		Breite deines Daumens
1 dm		Breite einer Packung Mehl
1 m		Seitenflügel einer Tafel
1 km		$2\frac{1}{2}$ Runden in einem Stadion

Größen

→ Zum **Messen** kannst du ein **Lineal** verwenden. Es ist in **Zentimeter** (cm) und **Millimeter** (mm) unterteilt. Wenn du eine Länge messen oder eine Strecke zeichnen möchtest, legst du dein Lineal immer bei **Null** an.

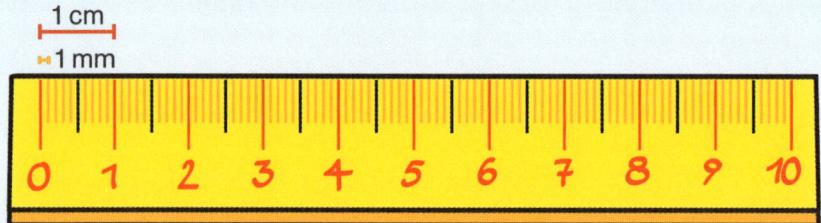

→ Längenangaben kannst du umrechnen.

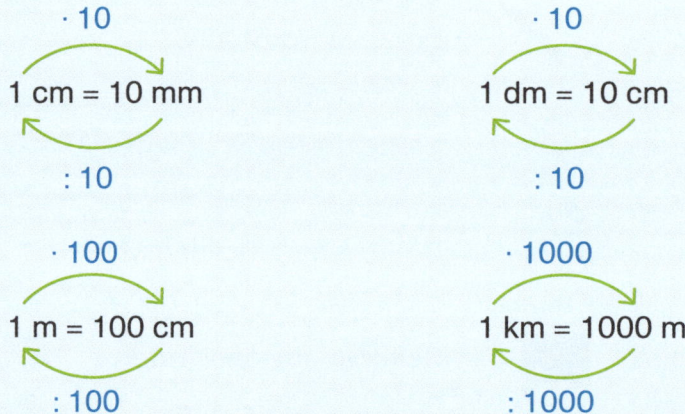

→ Das **Komma** trennt die größere von der kleineren Einheit.

Zentimeter und Millimeter:
Vor dem Komma stehen die Zentimeter, **hinter** dem Komma stehen die Millimeter.

    9 mm = 0 cm 9 mm = 0,9 cm
    10 mm = 1,0 cm
    11 mm = 1 cm 1 mm = 1,1 cm

Bei den Zentimetern gibt es nur **eine Stelle hinter dem Komma**.

Größen

Meter und Zentimeter:

Vor dem Komma stehen die Meter, **hinter** dem Komma stehen die Zentimeter.

 99 cm = 0 m 99 cm = 0,99 m
100 cm = 1,00 m
110 cm = 1 m 10 cm = 1,10 m

Bei den Metern gibt es **2 Stellen hinter dem Komma**. Die Stelle **nach** dem Komma ist die Zehnerstelle der Zentimeter. Gibt es keine Zehner bei den Zentimetern, schreibst du eine Null.

101 cm = 1 m 1 cm = 1,01 m

Kilometer und Meter:

Vor dem Komma stehen die Kilometer, **hinter** dem Komma stehen die Meter.

 999 m = 0 km 999 m = 0,999 km
1000 m = 1,000 km
1100 m = 1 km 100 m = 1,100 km

Bei den Kilometern gibt es **3 Stellen hinter dem Komma**. Die Stelle **nach** dem Komma ist die Hunderterstelle der Meter, dann kommt die Zehnerstelle. Gibt es keine Hunderter oder Zehner bei den Metern, schreibst du eine Null.

1015 m = 1 km 15 m = 1,015 km
1001 m = 1 km 1 m = 1,001 km

→ Manchmal werden **Nullen** am Ende der Kommazahl weggelassen. Du kannst sie einfach ergänzen.

2,5 m = 2,50 m
1,4 km = 1,400 km

Größen

→ Beim **Rechnen mit Längenangaben** müssen alle Angaben in der gleichen Einheit stehen. Wandle in die gleiche Maßeinheit um, bevor du mit dem Rechnen beginnst. Du kannst entweder in die kleinere Einheit umwandeln oder mit Kommazahlen rechnen.

$$6{,}52\,m + 335\,cm = \,?$$

1. Möglichkeit:

```
   6 5 2 cm
+  3 3 5 cm
   9 8 7 cm
```

2. Möglichkeit:

```
   6,5 2 m
+  3,3 5 m
   9,8 7 m
```

→ Denke beim **Rechnen mit Kommazahlen** immer an das Komma.
Beim schriftlichen **Addieren** und **Subtrahieren** stehen alle Kommas genau untereinander.
Beim schriftlichen **Multiplizieren** und **Dividieren** ist die Anzahl der Stellen hinter dem Komma in Aufgabe und Ergebnis gleich.

```
   8,5 6 4 km
+  3,0 2 4 km
  1 1,5 8 8 km
```

```
9,2 7 1 km · 3
2 7,8 1 3 km
```

```
  4 8,4 6 2 km
- 1 3,4 3 0 km
  3 5,0 3 2 km
```

```
5,3 2 5 km : 3 = 1,7 7 5 km
- 3
  2 3
- 2 1
    2 2
  - 2 1
      1 5
    - 1 5
        0
```

Größen

Gewichte

→ Ein **Gewicht** kannst du in **Gramm** (g), **Kilogramm** (kg) oder **Tonnen** (t) angeben.

Am besten kannst du dir diese Einheiten vorstellen, wenn du dir zu jeder Einheit passende Dinge merkst:

Ungefähr:

1 g		Gewicht einer Büroklammer
100 g		Gewicht eines Schulheftes
500 g		Gewicht eines Buches
1 kg		Gewicht einer Packung Mehl
1 t		Gewicht eines Autos

Größen

→ Um ein Gewicht genau bestimmen zu können, gibt es **Gewichtssätze**. Mit einem Gewichtssatz kannst du ein Gewicht genau auswiegen. Ein Gewichtssatz enthält folgende Einzelgewichte:

Du kannst einen Gegenstand mit **unterschiedlichen Einzelgewichten** auswiegen. Du kannst dabei wenige große oder viele kleine Einzelgewichte benutzen.

	Gewicht: 732 g
Mit **wenigen** Einzelgewichten:	500 g + 200 g + 20 g + 10 g + 2 g
Mit **vielen** Einzelgewichten:	200 g + 100 g + 100 g + 100 g + 100 g + 50 g + 50 g + 20 g + 10 g + 1 g + 1 g

→ Gewichtsangaben kannst du **umrechnen**.

114

Größen

→ Das **Komma** trennt die größere von der kleineren Einheit.

Kilogramm und Gramm:
Vor dem Komma stehen die Kilogramm, **hinter** dem Komma die Gramm.

    999 g = 0 kg 999 g = 0,999 kg
    1000 g = 1,000 kg
    1100 g = 1 kg 100 g = 1,100 kg

Tonnen und Kilogramm:
Vor dem Komma stehen die Tonnen, **hinter** dem Komma die Kilogramm.

    999 kg = 0 t 999 kg = 0,999 t
    1000 kg = 1,000 t
    1100 kg = 1 t 100 kg = 1,100 t

Bei den Gewichtsangaben gibt es **3 Stellen hinter dem Komma.** Die Stelle **nach** dem Komma ist die Hunderterstelle der kleineren Einheit, dann kommt die Zehnerstelle. Gibt es keine Hunderter oder Zehner bei der kleineren Einheit, schreibst du eine Null.

    1015 g = 1 kg 15 g = 1,015 kg   1001 kg = 1 t 1 kg = 1,001 t

→ Manchmal werden **Nullen** am Ende der Kommazahl weggelassen. Du kannst sie einfach ergänzen.

    2,5 kg = 2,500 kg   1,4 t = 1,400 t

→ Beim **Rechnen mit Gewichtsangaben** müssen alle Angaben in der gleichen Einheit stehen. Wandle in die gleiche Maßeinheit um, bevor du mit dem Rechnen beginnst.

    1 kg − 537 g = 1000 g − 537 g = 463 g

Größen

Hohlmaße (Rauminhalte)

→ Hohlmaße kannst du in den Einheiten **Liter** (l) und **Milliliter** (ml) angeben. **Wandle** vor dem Rechnen in die gleiche Einheit **um**.

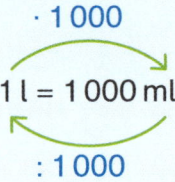

1 l = 1 000 ml

In diese Gefäße passt meist 1 Liter:

→ Das **Komma** trennt Liter und Milliliter. **Vor** dem Komma stehen die Liter, **hinter** dem Komma stehen die Milliliter.

999 ml = 0 l 999 ml = 0,999 l
1000 ml = 1,000 l
1100 ml = 1 l 100 ml = 1,100 l

Bei den Hohlmaßen gibt es **3 Stellen hinter dem Komma**. Gibt es keine Hunderter oder Zehner bei den Millilitern, schreibst du eine Null.

1015 ml = 1 l 15 ml = 1,015 l
1001 ml = 1 l 1 ml = 1,001 l

→ Manchmal werden **Nullen** am Ende der Kommazahl weggelassen. Du kannst sie einfach ergänzen.

2,5 l = 2,500 l

Größen

Bruchzahlen bei Längen, Gewichten und Hohlmaßen

Längen, Gewichte und Hohlmaße gibt man oft in **Bruchzahlen** an.

→ **Bruchzahlen** geben **Teilmengen** an.

  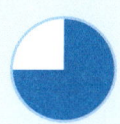 

$\frac{1}{2}$ = ein halb $\frac{1}{4}$ = ein Viertel $\frac{3}{4}$ = drei Viertel $\frac{1}{8}$ = ein Achtel

$\frac{1}{2}$ l bedeutet **1 Liter geteilt durch 2**.
1 l = 1000 ml
1000 ml : 2 = **500 ml**
Als Kommazahl geschrieben sind das 0,500 l = **0,5 l**.

$\frac{1}{4}$ l bekommst du, wenn du **1 Liter durch 4 teilst**.
1 l = 1000 ml
1000 ml : 4 = **250 ml**
Als Kommazahl geschrieben sind das 0,250 l = **0,25 l**.

$\frac{3}{4}$ l sind **dreimal ein Viertel Liter**.
$\frac{1}{4}$ l = 250 ml
3 · 250 ml = **750 ml**
Als Kommazahl geschrieben sind das 0,750 l = **0,75 l**.

$\frac{1}{8}$ l bekommst du, wenn du **1 Liter durch 8 teilst**.
1 l = 1000 ml
1000 ml : 8 = **125 ml**
Als Kommazahl geschrieben sind das **0,125 l**.

Größen

→ Merke dir die wichtigsten **Bruchzahlen** und ihre **Kommaschreibweise**.

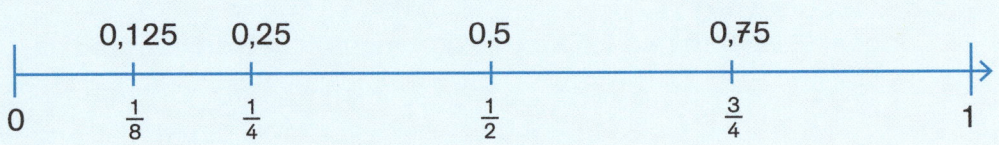

! **Bruchzahlen bei Längen:**

$\frac{1}{2}$ km = 500 m = 0,5 km

$\frac{1}{2}$ m = 50 cm = 0,5 m

$\frac{1}{2}$ dm = 5 cm = 0,5 dm

$\frac{1}{2}$ cm = 5 mm = 0,5 cm

! **Bruchzahlen bei Gewichten:**

$\frac{1}{2}$ t = 500 kg = 0,5 t

$\frac{1}{2}$ kg = 500 g = 0,5 kg

$\frac{1}{4}$ kg = 250 g = 0,25 kg

$\frac{3}{4}$ kg = 750 g = 0,75 kg

$\frac{1}{8}$ kg = 125 g = 0,125 kg

! **Bruchzahlen bei Hohlmaßen:**

$\frac{1}{2}$ l = 500 ml = 0,5 l

$\frac{1}{4}$ l = 250 ml = 0,25 l

$\frac{3}{4}$ l = 750 ml = 0,75 l

$\frac{1}{8}$ l = 125 ml = 0,125 l

Größen

Zeiteinheiten

→ Eine **Woche** hat **7 Tage**.

    1 Woche = 7 Tage

Montag
Dienstag
Mittwoch
Donnerstag
Freitag
Samstag
Sonntag

→ Ein **Monat** hat ungefähr **4 Wochen**. Das sind **28, 29, 30** oder **31 Tage**.

    Januar: 31 Tage   Juli: 31 Tage
    Februar: 28 oder 29 Tage   August: 31 Tage
    März: 31 Tage   September: 30 Tage
    April: 30 Tage   Oktober: 31 Tage
    Mai: 31 Tage   November: 30 Tage
    Juni: 30 Tage   Dezember: 31 Tage

1 Monat ≈ 4 Wochen
1 Monat = 30 oder 31 Tage (Ausnahme Februar: 28 oder 29 Tage)

 An deinen **Fingerknöcheln** kannst du **abzählen**, welcher Monat wie viele Tage hat. Beginne mit dem Knöchel deines linken kleinen Fingers. Jetzt beginnt das Auf und Ab:

Oben: 31 Tage **Unten:** 30 Tage (beim Februar 28 oder 29 Tage)

Den Zeigefingerknöchel deiner linken Hand zählst du doppelt und gehst dann wieder rückwärts bis zum Ringfinger.

Größen

→ Die größte Zeiteinheit ist das **Jahr**. Ein Jahr hat **12 Monate**.
Das sind ungefähr **52 Wochen**.
Ein Jahr hat **365 Tage**.

Jedes vierte Jahr ist ein **Schaltjahr**. In diesen Jahren gibt es einen Tag mehr, also **366 Tage**. Das liegt daran, dass ein Jahr eigentlich 365 Tage und 6 Stunden hat. Nach vier Jahren sind viermal 6 Stunden und damit ein zusätzlicher Tag vergangen. Der zusätzliche Tag ist der **29. Februar**.

   1 Jahr = 12 Monate
   1 Jahr ≈ 52 Wochen
   1 Jahr = 365 oder 366 Tage

→ Ein **Tag** hat **24 Stunden** (h).

   1 Tag = 24 h

→ Eine **Stunde** (h) hat **60 Minuten** (min).

   1 h = 60 min

 Eine Viertelstunde hat 15 Minuten.

Eine halbe Stunde hat 30 Minuten.

 Eine Dreiviertelstunde hat 45 Minuten.

→ Eine **Minute** (min) hat **60 Sekunden** (s).

   1 min = 60 s

Größen

Zeiteinheiten kannst du dir gut vorstellen, wenn du dir Tätigkeiten merkst, die etwa so lange dauern.

Ungefähr:

1 s		Zweimal hüpfen
10 s		50 m weit rennen
3 min		Einmal gründlich Zähne putzen
1 h		Hausaufgaben machen

→ Beim **Rechnen mit Zeitangaben** müssen alle Angaben in der gleichen Einheit stehen. Wandle in die gleiche Einheit um, bevor du mit dem Rechnen beginnst.

$$2 \text{ h } 28 \text{ min} + 54 \text{ min} = ?$$

2 h 28 min = 2 · 60 min + 28 min
           = 120 min + 28 min
           = 148 min

148 min + 54 min = 202 min

Für dein Ergebnis benutzt du in der Regel die größtmögliche Einheit:

202 min = 180 min + 22 min
        = 3 · 60 min + 22 min
        = 3 h 22 min

Größen

Uhrzeit

→ Der große Zeiger ist der **Minutenzeiger**. In einer Stunde läuft er einmal rund um die Uhr. Das sind 60 Minuten.

→ Der kleine Zeiger ist der **Stundenzeiger**.
Ein Tag hat 24 Stunden. In dieser Zeit läuft der Stundenzeiger zweimal rund um die Uhr. Mitternacht ist 0.00 Uhr. Dann folgen die Stunden bis 12 Uhr mittags. Nach 12 Uhr mittags beginnt der Stundenzeiger von Neuem, einmal herumzuwandern.

In der **alltäglichen Sprechweise** („halb acht") bezeichnest du die Uhrzeiten immer gleich, egal, ob es vor oder nach 12 Uhr mittags ist.
Bei der **genauen Sprechweise** („7.30 Uhr", „19.30 Uhr") musst du ab 12 Uhr mittags zu den Zahlen auf dem Zifferblatt immer 12 dazuzählen. Das sind die Stunden des Tages, die bereits vergangen sind.

Größen

	sieben Uhr	fünf nach sieben	viertel nach sieben
vor 12 Uhr mittags	7.00 Uhr	7.05 Uhr	7.15 Uhr
nach 12 Uhr mittags	19.00 Uhr	19.05 Uhr	19.15 Uhr

	halb acht	viertel vor acht	fünf vor acht
vor 12 Uhr mittags	7.30 Uhr	7.45 Uhr	7.55 Uhr
nach 12 Uhr mittags	19.30 Uhr	19.45 Uhr	19.55 Uhr

Vor dem Punkt stehen die Stunden und nach dem Punkt die Minuten.

Manchmal steht anstelle des Punkts auch ein Doppelpunkt, z. B. 19:30 Uhr.

Größen

Zeitpunkt und Zeitspanne

→ Der **Zeitpunkt** gibt an, **wann** etwas beginnt oder **wann** etwas endet.
Die **Zeitspanne** (Zeitdauer) gibt an, **wie lange** etwas dauert.

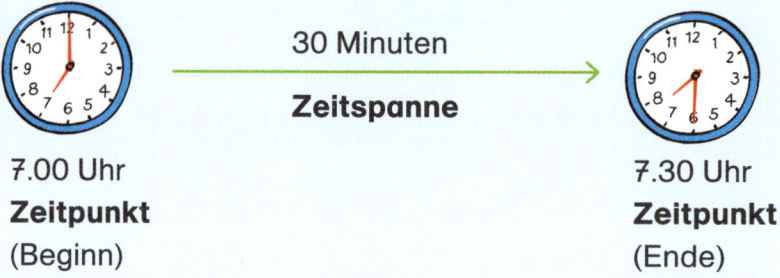

→ Mit **Zeitpunkten** und **Zeitspannen** kannst du rechnen. Denke immer daran, dass eine Stunde schon nach **60** min (und nicht nach 100 min) voll ist. Rechne schrittweise.

Es ist 13.33 Uhr. Um 15.00 Uhr will Eric sich im Fernsehen einen Film über Dinosaurier anschauen. Wie lange hat er noch Zeit für die Hausaufgaben?

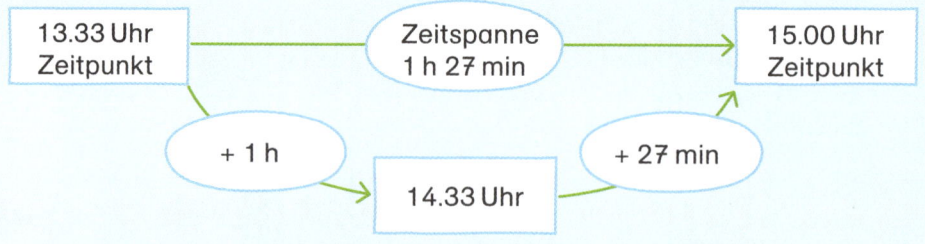

Er hat noch 1 h 27 min lang Zeit für die Hausaufgaben.

Textaufgaben

Textaufgaben lösen

→ Eine **Textaufgabe** besteht immer aus 3 Teilen:

F: Frage **R:** Rechnung **A:** Antwort

So gehst du beim Lösen vor:

1. Lies zuerst nur den **Text** genau durch. Beginne noch nicht mit dem Rechnen.

2. Erzähle die **Rechengeschichte** mit deinen eigenen Worten und stelle sie dir in Bildern vor.

3. Unterstreiche alle wichtigen **Angaben**.

4. Wie heißt die **Frage**? Musst du die Frage selbst finden? **F**

5. Überlege, ob dir eine **Zeichnung**, ein **Zahlenstrahl**, ein **Rechenbaum** oder eine **Tabelle** helfen kann.

6. Achte auf die **Rechenwörter** und überlege dir, ob du plus, minus, mal oder geteilt rechnen musst.

7. Rechne **schrittweise**. Bei größeren Zahlen ist es oft sinnvoll, dass du zuerst eine Überschlagsrechnung machst → siehe S. 130. **R**

8. **Kontrolliere**, ob dein Ergebnis stimmen kann. Rechne die Umkehraufgabe oder vergleiche dein Ergebnis mit der Überschlagsrechnung.

9. Lies die Frage noch einmal durch und finde einen passenden **Antwortsatz**. **A**

Textaufgaben

Beispielaufgabe:

Beim diesjährigen Schulfest wurden an 5 Spielstationen insgesamt 250 € eingenommen! Der Gewinn wird an die 5 Klassen verteilt, die diese Spielstationen betreut haben: die 4 a, 4 b, 4 c, 4 d und 4 e.

1. Lies den **Text** genau durch.

2. Kannst du dir die **Rechengeschichte** gut vorstellen? Gib sie in eigenen Worten wieder.

3. Welche **Angaben** sind wichtig?

   Wichtig für deine Rechnung ist, dass es **5** Klassen sind, die sich den Gewinn **teilen**. Wichtig ist auch der zu teilende Gesamtbetrag: **250 €**.
   Alle anderen Informationen sind für deine Rechnung unwichtig.

4. Wie heißt die **Frage**?

   Du kennst den **Betrag**, den sich die Klassen teilen, und du weißt, **wie viele Klassen** es sind.
   Die Frage lautet also:

   F: Wie viel Euro bekommt jede Klasse?

Textaufgaben

5. Hilft dir eine **Zeichnung** dabei, die Aufgabe zu lösen?

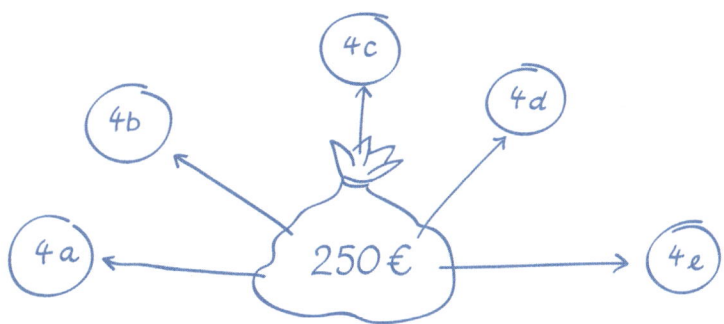

6. Achte auf **Rechenwörter** in der Aufgabe, die dir verraten, wie du rechnen musst.

> Du willst den Gewinn **verteilen**, also **dividierst** du.

7. Schreibe die **Rechnung** auf und rechne aus.

> **R:** 250 € : 5 = 50 €

8. Überprüfe dein Ergebnis mit der **Umkehraufgabe**:

> 50 € · 5 = 250 €

9. Formuliere den **Antwortsatz**:

> **A:** Jede Klasse bekommt 50 €.

Mache dir selbst eine kleine Checkliste, dann vergisst du keinen der Lösungsschritte!

Textaufgaben

Rechnen mit Größen

Mit den verschiedenen Größeneinheiten für Geldbeträge, Längen, Gewichte, Hohlmaße und Zeit kannst du addieren (+), subtrahieren (−), multiplizieren (·) und dividieren (:).

→ Überprüfe vor dem **Rechnen mit Größen** immer, ob alle Größen in der **gleichen Einheit** stehen. Stehen sie in verschiedenen Einheiten, **wandelst** du alle Größen in die gleiche Einheit **um**.

8,19 € + 78 ct =
819 ct + 78 ct =
897 ct = 8,97 €

3,5 cm − 9 mm =
35 mm − 9 mm =
26 mm = 2,6 cm

Lies bei den verschiedenen Größen nach, wie du sie umwandeln kannst. → siehe S. 107 − S. 121

→ Achte darauf, dass du **alle Einheiten** in deiner Rechnung **dazuschreibst**. Vergiss die Einheiten auch im Ergebnis nicht.

1 € + 2 € = 3 €
6 kg − 4 kg = 2 kg
4 m · 3 = 12 m
32 l : 8 = 4 l

Textaufgaben

→ Überprüfe **nach** dem Rechnen, ob du das **Ergebnis in eine größere Einheit umwandeln** kannst.

    50 ct + 780 ct = 830 ct
    830 ct = 8 € 30 ct = 8,30 €

→ Achte bei der schriftlichen Addition und Subtraktion darauf, dass die **Zahlen stellengerecht untereinander** stehen. Schreibe **Komma unter Komma**.

```
      3,45 €              32,9 cm
 + 21,86 €           −     0,5 cm
      1 1                 32,4 cm
    25,31 €
```

→ Achte bei der schriftlichen Multiplikation und Division darauf, dass die **Anzahl der Stellen hinter dem Komma** in Aufgabe und Ergebnis übereinstimmt.

```
  14,84 € : 7 = 2,12 €        2,569 kg · 5
 −14                          12,845 kg
    08
   − 7
     14
   − 14
      0
```

Textaufgaben

→ Sind die letzten Stellen hinter dem Komma eine oder mehrere **Nullen**, werden sie oft weggelassen. Ergänze sie beim schriftlichen Rechnen.

45,675 km + 12,6 km = ?

```
    4 5, 6 7 5  km
+   1 2, 6 0 0  km
          1
    5 8, 2 7 5  km
```

→ Mache vor dem Rechnen mit größeren Zahlen eine **Überschlagsrechnung**. Dann weißt du schon im Voraus, wie deine Lösung in etwa lauten muss. Nach dem genauen Rechnen kannst du dann überprüfen, ob dein Ergebnis stimmen kann und ob das Komma an der richtigen Stelle steht.

3,452 km + 21,865 km + 1,332 km = ?

Runde die Zahlen. → siehe S. 75 – S. 76

3,452 km ≈ 3 km   21,865 km ≈ 22 km   1,332 km ≈ 1 km

Überschlagsrechnung: 3 km + 22 km + 1 km = 26 km

Genaue Rechnung:
```
        3, 4 5 2  km
+   2 1, 8 6 5    km
+       1, 3 3 2  km
            1 1
    2 6, 6 4 9    km
```

Die Zahlen sind ähnlich, das Ergebnis kann also stimmen.

Textaufgaben

Durchschnittsberechnungen

→ Den **Durchschnitt** berechnest du in zwei Schritten: Zuerst **addierst (+)** du die Zahlen, aus denen du den Durchschnitt errechnen möchtest. Im zweiten Schritt **dividierst (:)** du diese Summe dann durch die Anzahl der Summanden.

> Beim Sommerfest gibt es eine Torwand. Je nachdem, welche Stelle man trifft, bekommt man 10, 15 oder 20 Punkte. Die drei Freunde Tina, Patrick und Leon machen auch mit. Tina schafft 15 Punkte, Patrick 10 und Leon 20. Patrick meint: „Ich würde wirklich gerne wissen, wie viele Punkte jeder von uns hätte, wenn wir sie gleichmäßig unter uns aufteilen würden!"
>
> **Addiere** die Punktzahlen: 10 + 15 + 20 = 45
> **Dividiere** das Ergebnis durch die Anzahl der Kinder: 45 : 3 = **15**
> Jedes Kind hätte **15 Punkte**.

Das Ergebnis der Rechnung ist der Durchschnitt. Die Punktzahl wurde **gleichmäßig verteilt**.

Textaufgaben

Wahrscheinlichkeit

→ Du kannst die **Wahrscheinlichkeit** eines Ereignisses berechnen.
Es geht darum, wie **sicher** etwas geschieht.

Wenn etwas ganz **sicher** geschehen wird, dann sagt man,
es besteht eine **Wahrscheinlichkeit von 1**.

> Tim wirft eine Münze in die Luft. Dass die Münze nach
> kurzer Zeit wieder landet, hat eine Wahrscheinlichkeit von 1.

Wenn etwas ganz sicher **nicht** geschehen wird,
spricht man von einer **Wahrscheinlichkeit von 0**.

> Dass die Münze ins Weltall fliegt und nie mehr zurückkommt,
> hat eine Wahrscheinlichkeit von 0.

Wenn etwas **genau so sicher** geschehen kann, wie es auch
nicht geschehen kann, liegt die **Wahrscheinlichkeit bei $\frac{1}{2}$**.

> Dass die Münze auf der Zahl landet, hat eine Wahrscheinlichkeit
> von $\frac{1}{2}$. Dass die Münze auf dem Bild landet, hat ebenfalls eine
> Wahrscheinlichkeit von $\frac{1}{2}$.

Geometrie

Geometrische Grundbegriffe

Eine **Strecke** ist eine Linie, die an beiden Enden begrenzt ist.	
Eine **Gerade** ist eine Linie, die keine Begrenzungspunkte hat. Sie geht unendlich weiter.	
Haben zwei Linien an allen Stellen den gleichen Abstand zueinander, so sind sie **parallel**. Man nennt sie **Parallelen**.	
Stehen zwei Linien senkrecht aufeinander, so bilden sie einen **rechten Winkel**. Rechte Winkel markierst du mit diesem Zeichen: ⌐	
Eine Linie, die senkrecht (also in einem rechten Winkel) auf einer anderen Linie steht, heißt **Senkrechte**.	

Geometrie

Zeichengeräte

In der Geometrie kannst du verschiedene **Zeichengeräte** verwenden. Mit ihnen kannst du Figuren **genau** zeichnen und abmessen.

→ Mit einem **Lineal** kannst du Geraden und Strecken **zeichnen** und Strecken **abmessen**.
Ein Lineal ist in **Zentimeter** (cm) und **Millimeter** (mm) eingeteilt. Wenn du mit dem Lineal etwas abmessen willst, legst du es immer bei **Null** an. Der erste Zentimeter geht von der 0 bis zur 1.

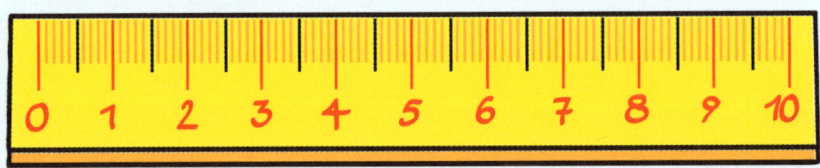

→ Mit einem **Geodreieck** zeichnest du **parallele** und **senkrechte** Strecken und Geraden, überprüfst **rechte Winkel** → siehe S. 133 oder misst und zeichnest Strecken.

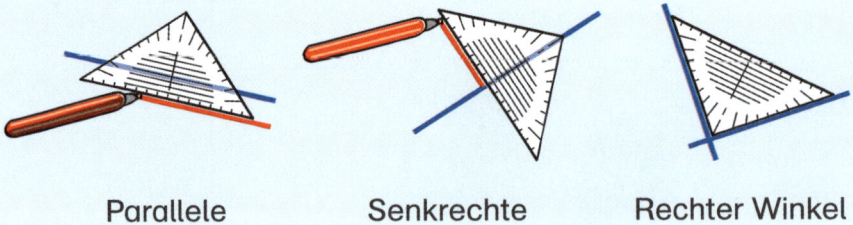

Parallele Senkrechte Rechter Winkel

→ Mit dem **Zirkel** zeichnest du **Kreise und Halbkreise**. Du stichst die Spitze des Zirkels in den Mittelpunkt des Kreises und schwingst die Mine herum.

Geometrie

Flächenformen

→ **Flächenformen** (**Flächen**) sind im Gegensatz zu Körperformen (**Körpern**) flach wie ein Blatt Papier. Sie haben nur eine Fläche. Daher werden sie auch **ebene Figuren** genannt.

Ein **Dreieck** hat **3 Ecken**. Ein **gleichseitiges Dreieck** hat **3 gleich lange Seiten**. Ein **gleichschenkliges Dreieck** hat **2 gleich lange Seiten**. Ein **rechtwinkliges Dreieck** hat **einen rechten Winkel**. Es gibt auch **unregelmäßige Dreiecke**.	
Ein **Rechteck** ist ein Viereck, bei dem die beiden **gegenüberliegenden Seiten** jeweils **gleich lang** sind. Es hat **4 rechte Winkel**.	
Ein **Quadrat** ist ein besonderes Rechteck: Es hat **4 gleich lange Seiten** und **4 rechte Winkel**.	
Beim **Drachenviereck** sind immer **2 aneinanderstoßende Seiten gleich lang**. Verbindet man ihre Ecken, so erhält man eine **Symmetrieachse**. → siehe S. 143	

Geometrie

Eine **Raute** ist ein Viereck, bei dem **alle Seiten gleich lang** sind. **Gegenüberliegende Seiten** sind **parallel**.

Ein **Parallelogramm** ist ein Viereck, bei dem die **gegenüberliegenden Seiten parallel** und **gleich lang** sind.

Ein **Trapez** ist ein Viereck, bei dem **zwei Seiten parallel** sind.

Bei einem **Kreis** sind alle Punkte auf der Kreislinie gleich weit vom **Mittelpunkt** (M) entfernt.

Den Abstand vom Mittelpunkt zur Kreislinie nennt man **Radius** (r). Zeichnest du eine Linie von einem Punkt der Kreislinie durch den Mittelpunkt zur anderen Seite, erhältst du den **Durchmesser** (d).

Geometrie

Umfangs- und Flächenberechnung

→ Den **Umfang** einer Fläche berechnest du, indem du die Längen der einzelnen Seiten addierst.

2 cm + 3 cm + 2 cm + 3 cm = 10 cm
Der Umfang dieses Rechtecks beträgt 10 cm.

→ Eine **Fläche** berechnest du, indem du sie mit gleich großen **Quadraten** auslegst und die Anzahl der Quadrate zusammenzählst. So kannst du Flächen auch miteinander **vergleichen**.

12 Kästchen   >   8 Kästchen

Parkettierungen

→ Du kannst eine Fläche mit ebenen Figuren (z. B. Dreiecken, Rechtecken oder Quadraten) vollständig auslegen und so verschiedene **Muster** legen. Flächen, die so ausgelegt sind, nennt man **Parkettierungen**.

Geometrie

Körperformen

→ Im Gegensatz zu Flächenformen sind **Körperformen** nicht flach wie ein Blatt Papier, sondern füllen einen **bestimmten Raum** aus.

→ Um einen Körper zu beschreiben, benutzen wir die Begriffe **Fläche**, **Kante** und **Ecke**. Eine Fläche kann eben oder gekrümmt sein.

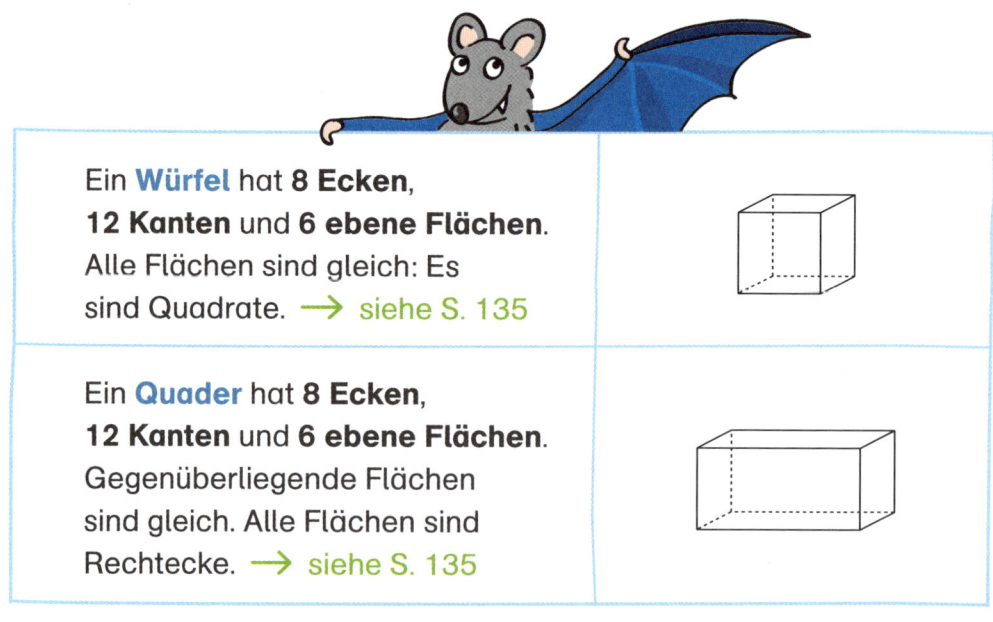

Ein **Würfel** hat **8 Ecken**, **12 Kanten** und **6 ebene Flächen**. Alle Flächen sind gleich: Es sind Quadrate. → siehe S. 135

Ein **Quader** hat **8 Ecken**, **12 Kanten** und **6 ebene Flächen**. Gegenüberliegende Flächen sind gleich. Alle Flächen sind Rechtecke. → siehe S. 135

Geometrie

Eine **Viereckspyramide** hat **5 Ecken**, **8 Kanten** und **5 ebene Flächen**.
4 Flächen sind Dreiecke,
1 Fläche ist ein Viereck.

Es gibt auch Dreiecks-, Fünfecks-, Sechseckspyramiden ...

Ein **Dreiecksprisma** hat **6 Ecken, 9 Kanten** und **5 Flächen**. 2 Flächen sind gleiche Dreiecke und liegen parallel zueinander. → siehe S. 133
3 Flächen sind Vierecke.

Es gibt auch Vierecks-, Fünfecks-, Sechsecksprismen ...

Ein **Zylinder** (Walze) hat **3 Flächen**.
2 Flächen sind Kreise und liegen parallel zueinander. → siehe S. 133
Eine Fläche ist gekrümmt.

Ein **Kegel** hat **1 Ecke** und **2 Flächen**: Eine ebene Kreisfläche und eine gekrümmte Fläche.

Eine **Kugel** hat keine Ecken und Kanten. Sie hat nur **1 gekrümmte Fläche**.

Geometrie

Körpernetze

→ Wenn du einen geometrischen **Körper auseinanderklappst**, z. B. eine Schachtel, erhältst du ein **Körpernetz**. Du kannst an dem Körpernetz erkennen, zu welchem Körper du es falten kannst.

Zu jedem dieser Körper gibt es **viele unterschiedliche** Körpernetze. Hier siehst du zu jedem Körper nur zwei Beispiele.

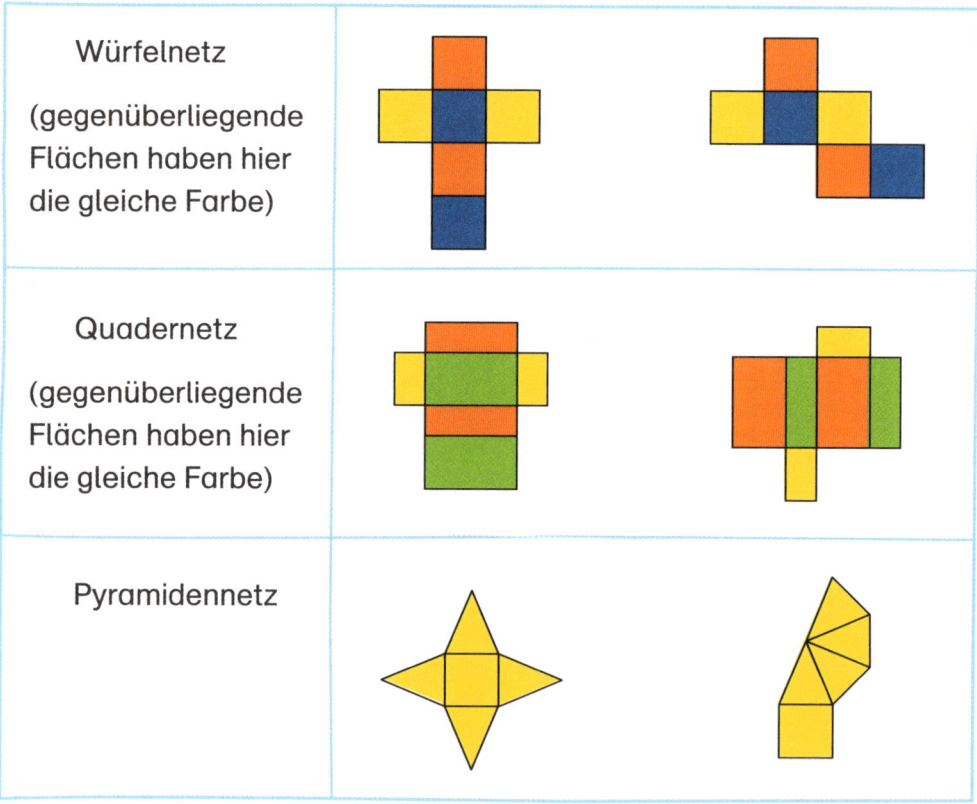

Geometrie

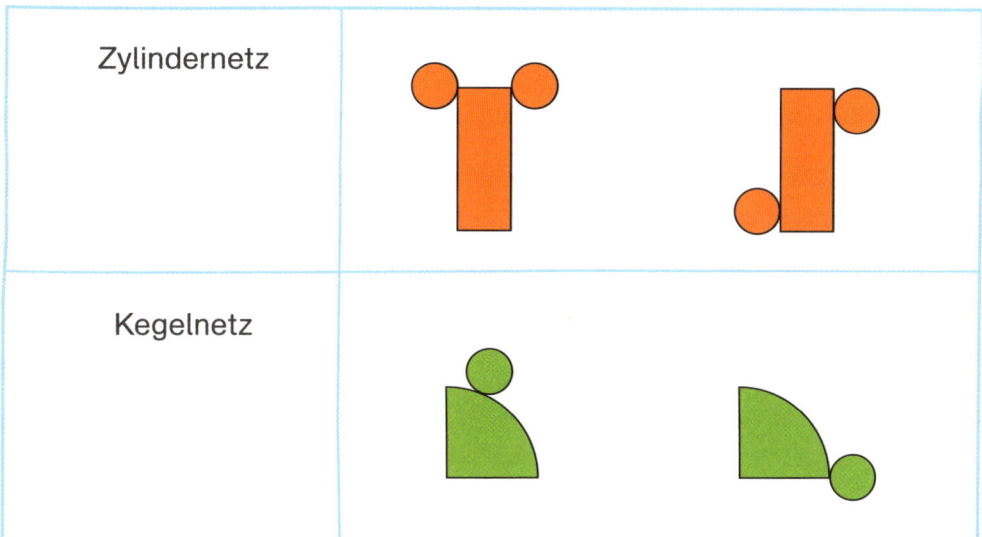

Würfelbauten

→ **Einheitswürfel** sind gleich große Würfel. Aus ihnen lassen sich **Würfelbauten** erstellen.

In **Bauplänen** gibst du an, wie viele Würfel an welcher Stelle verbaut sind.

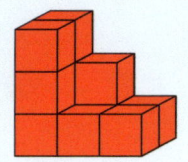

3	2	1
3	1	1

3	1	2
2	1	1
1	1	1

Geometrie

Körperansichten

→ Du kannst einen geometrischen Körper von **unterschiedlichen Positionen** aus betrachten. Je nachdem, von wo aus du den Körper betrachtest, siehst du eine andere **Körperansicht**.

	Von vorne	Von der Seite	Von oben
Würfel	grünes Quadrat	gelbes Quadrat	blaues Quadrat
Quader	rotes Rechteck	gelbes Quadrat	blaues Rechteck
Kugel	roter Kreis	roter Kreis	roter Kreis
Zylinder	blaues Rechteck	blaues Rechteck	gelber Kreis

Geometrie

Achsensymmetrie

Bei diesen Figuren sieht eine Seite exakt so aus wie die andere. Es sind **symmetrische Figuren**:

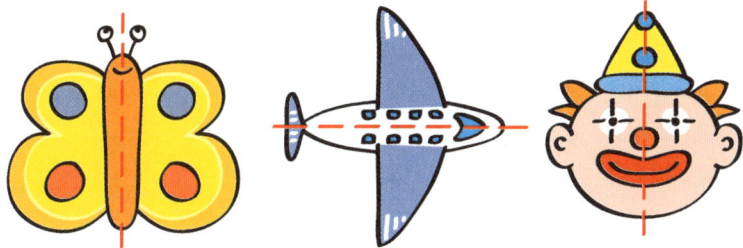

→ Wenn du eine Figur so falten kannst, dass **beide Teile ganz genau aufeinanderpassen**, dann ist diese Figur achsensymmetrisch. Die Faltlinie nennt man Symmetrieachse.

Wenn du einen Spiegel genau auf die Symmetrieachse einer Figur stellst, siehst du die Figur komplett. Die Symmetrieachse heißt deshalb auch **Spiegelachse**.

Hier kannst du sehen, wie viele Symmetrieachsen einige wichtige ebene Figuren haben:

Quadrat		4 Symmetrieachsen
Rechteck		2 Symmetrieachsen

Geometrie

Gleichseitiges Dreieck		3 Symmetrieachsen
Gleichschenkliges Dreieck		1 Symmetrieachse
Unregelmäßiges Dreieck		Keine Symmetrieachse
Drachenviereck		1 Symmetrieachse
Raute		2 Symmetrieachsen
Gleichschenkliges (symmetrisches) Trapez		1 Symmetrieachse
Parallelogramm		Keine Symmetrieachse
Kreis		Viele Symmetrieachsen

Geometrie

Drehsymmetrie

Schau dir dieses Windrad genau an und drehe es in Gedanken einmal halb herum.

Nach einer halben Drehung sieht das Windrad wieder genauso aus wie vor der Drehung. Es ist **drehsymmetrisch**.

→ Wenn eine Figur nach einer Drehung genauso aussieht wie vorher, ist sie drehsymmetrisch. Sie ist es aber nur dann, wenn es keine ganze Drehung sein muss. Auch Farbe und Größe müssen übereinstimmen.

Maßstab

Große Gegenstände, Straßen, Fußballplätze, Stadtviertel, Länder oder Kontinente lassen sich auf Bildern oder Karten nicht in ihrer wirklichen Größe darstellen. Sie lassen sich nur **verkleinert** aufs Papier bringen.

Andererseits ist es manchmal notwendig, kleine Dinge **vergrößert** darzustellen, um sie besser erkennen zu können, zum Beispiel winzige Tiere in einem Insektenbuch.

Geometrie

Damit du weißt, um wie viel etwas vergrößert oder verkleinert wurde, wird der **Maßstab** angegeben.

→ Der **Maßstab** gibt an, um wie viel etwas **verkleinert** oder **vergrößert** abgebildet ist. Die **erste Zahl** nennt die Größe auf dem **Papier**, die **zweite Zahl** steht für die Größe in der **Wirklichkeit**.

Maßstab 10:1

Maßstab **10:1** heißt:

10 cm auf dem Papier entsprechen 1 cm in der Wirklichkeit. Die Ameise wurde **um das 10-Fache vergrößert**.

Maßstab 1:1

Maßstab **1:1** heißt:

1 cm auf dem Papier entspricht 1 cm in der Wirklichkeit. Das Cent-Stück ist in der **wirklichen Größe** abgebildet.

Maßstab 1:2000

Maßstab **1:2000** heißt:

1 cm auf dem Papier entspricht 2000 cm in der Wirklichkeit. Der Fußballplatz wurde **um das 2000-Fache verkleinert**.

Geometrie

→ Du berechnest die wirkliche Länge einer vergrößerten Strecke, indem du die auf dem Papier gemessene Strecke durch die Maßstabszahl dividierst.

3 cm   Maßstab 10 : 1

Dividiere: 3 cm : 10 = 30 mm : 10 = 3 mm

Die Ameise ist in Wirklichkeit 3 mm lang.

→ Du berechnest die wirkliche Länge einer verkleinerten Strecke, indem du die auf dem Papier gemessene Strecke mit der Maßstabszahl multiplizierst.

5 cm   Maßstab 1 : 2 000

Multipliziere: 5 cm · 2 000 = 10 000 cm = 100 m

Der Fußballplatz ist in Wirklichkeit 100 m lang.

Geometrie

→ Um etwas **verkleinert darzustellen**, **dividierst** du die wirkliche Länge durch die Maßstabszahl. Überlege vor dem Rechnen, ob du mit der Längenangabe gut rechnen kannst. Wenn es nötig ist, wandle in eine andere Einheit um.

Du möchtest einen 2 m breiten Schrank im Maßstab 1 : 100 darstellen.

Rechne um: 2 m = 200 cm

Dividiere: 200 cm : 100 = 2 cm

Du zeichnest einen 2 cm breiten Schrank.

Geometrie

→ Um etwas **vergrößert darzustellen**, **multiplizierst** du die wirkliche Länge mit der Maßstabszahl.

Du möchtest eine 5 mm lange Linie im Maßstab 10 : 1 darstellen.

Multipliziere: 5 mm · 10 = 50 mm

Rechne um: 50 mm = 5 cm

Du zeichnest eine 5 cm lange Linie.

5 mm · 10 = ?

! Auf vielen Karten findest du zusätzlich zur Maßstabsangabe eine **Maßstabsleiste**, die mit den wirklichen Entfernungen beschriftet ist. Sie hilft dir, die wirkliche Strecke einzuschätzen.

Maßstab 1 : 1 000 000

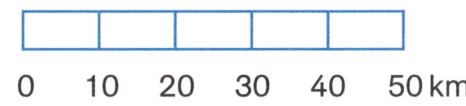

1 cm auf der Karte sind 1 000 000 cm in der Wirklichkeit. Das sind 10 km.

Stichwörter Deutsch

A

Abstrakta 10
Adjektiv 14, 22 – 25, 42, 44, 52, 53, 58, 59, 60
Adverb 25
Adverbiale (Bestimmung) → Angabe
Akkusativ 15, 27
Akkusativobjekt 35
Alphabet 8, 38
Anführungszeichen 48
Angabe 36 – 37
    der Art und Weise 37
    der Bedingung 37
    des Grundes 37
    des Ortes 36
    der Zeit 36
    des Zwecks 37
Anleitung 60
Anrede 45, 47
Artikel 11 – 12, 14, 15, 27, 30, 44
Aufforderungssatz 29
Aufzählung 48
Auslaut 42
Ausruf 47, 52, 60
Ausrufesatz 29
Ausrufezeichen 29
Aussagesatz 28, 49

B

Befehlsform → Imperativ
Befehlssatz → Aufforderungssatz
Begleiter → Artikel
Begleitsatz 49
Bericht 61
Beschreibung 61
Besitzanzeigendes Fürwort
    → Possessivpronomen
Bestimmter Artikel 11 – 12
Bestimmtes Zahlwort 26
Bestimmungswort 14
Bildergeschichte 50, 58 – 59
Bindewort → Konjunktion
Buchstabe 8, 38

C

ck 40, 47
Cluster → Mindmap

D

Dativ 15, 27
Dativobjekt 34, 35
Dehnungs-h 39
Diphtong → Zwielaut
Doppellaut → Zwielaut
Doppelpunkt 49
Doppelter Mitlaut (Konsonant) 40, 46
Doppelter Selbstlaut (Vokal) 39

E

Eigenname 44
Einfache Vergangenheit → Präteritum
Einleitung 51
Einzahl 13, 16, 17, 19
Endung 8 – 9, 19, 20, 21, 32

Stichwörter Deutsch

Ergänzung (z.B. des Ortes, der Zeit)
→ Angabe
Erlebniserzählung 50, 54 – 55
Erzählkurve 51, 56, 58, 59
Erzählung 50 – 59, 64

F

Fabel 57, 63
Fall, Fälle 15, 16, 17, 27
Fantasiegeschichte 50, 57 – 58
Fragesatz 28 – 29
Fragewort 29
Fragezeichen 28
Fürwort → Pronomen
Futur 20

G

Gebeugte Form 18, 32
Gebrüder Grimm 62
Gedankenschwarm → Mindmap
Gedicht 65
Gedichtzeile → Vers
Gegenwartsform → Präsens
Genitiv 15
Genitivobjekt 35
Geschlossene Silbe 39
Großschreibung, großschreiben
    10, 44 – 45
Grundform (Adjektiv) 23
Grundform (Verb) 18, 20, 32, 42
Grundstufe → Grundform (Adjektiv)
Grundwort 14

H

Hauptteil 51
Hilfsverb 20, 21
Höchststufe → Steigerungsstufe
Höfliche Anrede 45
Höhepunkt 51, 52
Höherstufe → Steigerungsstufe

I

Ideensammlung → Mindmap
ie 40
Imperativ 22
Imperfekt → Präteritum
Infinitiv → Grundform

K

Kleinschreibung, kleinschreiben
    16, 18, 22, 25, 26, 44 – 45
Komma 47 – 48, 49
Konjunktion 27, 48
Konkreta 10
Konsonant → Mitlaut

L

Laut 8, 38
Lautgetreu 39

M

Märchen 57, 62 – 63
Mehrstufe → Steigerungsstufe
Mehrzahl 12, 13, 17, 19, 42
Meiststufe → Steigerungsstufe

Stichwörter Deutsch

Mindmap **54, 55**
Mitlaut **38**, **40**, **42**, **46**
Mitsprechwort **39**

N

Nacherzählung **50**, <u>**57**</u>
Nachsilbe **<u>8 – 9</u>**, **11**, **23**
Namenwort → Nomen
Nebensatz **48**
Nomen **10 – 15**, **16**, **22**, **24**, **27**, **30**, **34**, **42**, **44**
Nominativ **15**
Numerale **26**

O

Oberbegriff **11**
Objekt **34 – 35**
Offene Silbe **39**
Ortsangabe **36**
Ortsergänzung → Ortsangabe

P

Perfekt **21**
Person (1., 2., 3.) **16**, **<u>17</u>**, **<u>19</u>**
Personalform **19**
Personalpronomen **16 – 17**
Persönliches Fürwort
  → Personalpronomen
Plural → Mehrzahl
Possessivpronomen **17**
Prädikat **32 – 33**, **35**
Präposition **26 – 27**
Präsens **20**, **52**, **60**, **61**

Präteritum **21**, **52**, **61**
Pronomen **16 – 17**, **27**, **31**, **34**
Punkt **28**, **49**

R

Reim **65**
Reizwortgeschichte **50**, **56**

S

Sachtext **60 – 61**
Sage **64**
Sammelname → Oberbegriff
Satzanfang **44**
Satzart **28 – 29**
Satzaussage → Prädikat
Satzergänzung → Objekt
Satzgegenstand → Subjekt
Satzglied **30 – 37**
Satzkern **32**, **33**
Satzschlusszeichen **28 – 29**
Schluss **51**
Schlusszeichen **48**
Selbstlaut **38**, **39**, **40**, **43**
Silbe **<u>8</u>**, **46**
Singular → Einzahl
Steigern **23**, **42**
Steigerungsstufe **23**
Stichpunktsammlung **54**, **56**
Stimmhaftes s **43**
Stimmloses s **43**
Strophe **65**
Stummes h → Dehnungs-h
Subjekt **30 – 31**, **32**, **33**, **35**
Substantiv → Nomen

Stichwörter Deutsch

T
Tunwort → Verb
tz **40, 47**

U
Überschrift **50**, 51
Umlaut **8**, 38, 39
Umstandswort → Adverb
Umstellprobe 30
Unbestimmter Artikel 11 – 12
Unbestimmtes Zahlwort 26
Unregelmäßiges Verb 20

V
Verb 14, **18 – 22**, 24, 29, 32, 42, 44, 53, 60
Verbstamm **19**, 20, 21
Vergangenheitsform 21
1. Vergangenheit → Präteritum
2. Vergangenheit → Perfekt
Vergleichen 23 – 24
Vergleichsstufe → Steigerungsstufe
Verhältniswort → Präposition
Vers 65
Vertrauliche Anrede 45
Vokal → Selbstlaut
Vorsilbe **8 – 9**, 46

W
Wem-Ergänzung → Dativobjekt
Wem-Fall **15, 27**
Wen- oder Was-Ergänzung
→ Akkusativobjekt
Wen-Fall **15, 27**
Wer-Fall 15
Wessen-Ergänzung
→ Genitivergänzung
Wessen-Fall **15, 17**
Wiewort → Adjektiv
Wortfamilie 9
Wortfeld 53
Wörtliche Rede **48 – 49**, 52, 58, 59, 60
Wortstamm 8 – 9
Worttrennung 46 – 47

Z
Zahlwort 26
Zeitangabe 36
Zeitergänzung → Zeitangabe
Zeitform **20 – 21**, 52
Zukunftsform → Futur
Zusammengesetzte Vergangenheit
→ Perfekt
Zusammengesetztes Nomen
13 – 14, 44
Zwielaut **38**, 41, 43

Stichwörter Mathematik

A
Abziehverfahren 91 – 95
Achsensymmetrie 143 – 144
Achtel 117
Addition, addieren 81, 82, 83, 84, 85 – 89, 112, 129
Antwort (Textaufgabe) 125, 127

B
Bauplan 141
Bruchzahl 117 – 118

C
Cent (ct) 107 – 108, 128 – 129

D
Dezimeter (dm) 109 – 110, 118
Diagramm 78 – 79
Differenz 81
Dividend 82, 102
Division, dividieren 82, 83, 84, 102 – 106, 112
Divisor 82, 102
Drachenviereck 135, 144
Drehsymmetrie 145
Dreieck 135, 144
Dreiecksprisma 139
Dreieckspyramide 139
Drei Viertel 117
Dreiviertelstunde 120
Durchmesser 136
Durchschnitt 131

E
Ebene Figur 135 – 137
Ecke 135, 138, 139
Einer 68, 70, 75, 85, 87, 90, 91, 96, 99, 100, 101
Ein halb → halb
Einheitswürfel 141
Ergänzungsverfahren 96 – 98
Euro (€) 88, 107 – 108, 128

F
Faktor 81, 99, 101, 102
Fläche (ebene Figur) → ebene Figur
Fläche (eben und gekrümmt) 138, 139
Flächenberechnung 137
Frage (Textaufgaben) 125, 126

G
Geodreieck 134
Gerade 133, 134
Gerade Zahl 72, 106
Geteiltaufgabe → Division
Gewichtssatz 114
Gleichschenkliges Dreieck 135, 144
Gleichseitiges Dreieck 135, 144
Gramm (g) 113 – 115, 118

H
Halb 117
Halbe Stunde 120
Halbschriftliche Addition 85 – 86

Stichwörter Mathematik

Halbschriftliche Division 102 – 103
Halbschriftliche Multiplikation 99
Halbschriftliche Subtraktion 90
Hohlmaß 116, 117, 118
Hunderter 68 – 69, 70, 71, 75, 85, 87, 90, 96, 99
Hundertertafel 70 – 71
Hunderttausender 68 – 69, 76

J
Jahr 120

K
Kante 138, 139
Kegel 139, 141
Kernaufgabe 84
Kilogramm (kg) 113 – 115, 118
Kilometer (km) 109 – 111, 118
Klammer 85
Komma 108, 110 – 111, 112, 115, 116, 117 – 118, 129
Körper 138 – 139
Körperansicht 142
Körpernetz 140 – 141
Kreis 134, 136, 139, 144
Kreislinie 136
Kugel 139, 142

L
Lineal 110, 134
Liter (l) 116, 117, 118

M
Malaufgabe → Multiplikation
Malnehmen → Multiplikation
Maßstab 145 – 149
Meter (m) 109 – 111, 118
Milliliter (ml) 116, 117, 118
Millimeter (mm) 109 – 110, 118, 134
Million 68 – 69
Minuend 81
Minusaufgabe → Subtraktion
Minute (min) 120 – 122, 123, 124
Mittelpunkt 134, 136
Monat 119 – 120
Multiplikation, multiplizieren
  73, 81, 82, 83, 84, 99 – 102, 112, 129, 147, 149

N
Nachbarhunderter 71 – 72
Nachbarhunderttausender 71 – 72
Nachbartausender 71 – 72
Nachbarzahl 71
Nachbarzehner 71
Nachbarzehntausender 71 – 72
Nachfolger 71
Nullaufgabe 84

P
Parallele, parallel 133, 134, 136, 139
Parallelogramm 136, 144
Parkettierung 137

Stichwörter Mathematik

Plusaufgabe → Addition
Primzahl 73
Prisma 139
Produkt 81, 99
Punktrechnung 85
Pyramide 139, 140

Q

Quader 138, 140, 142
Quadrat 135, 137, 138, 143
Quadratzahl 73
Quersumme 106
Quotient 82, 102

R

Radius 136
Rauminhalt → Hohlmaß
Raute 136, 144
Rechenregeln 84 – 85
Rechenvorteil 86, 90
Rechnung (Textaufgaben) 125, 127
Rechteck 135, 137, 138, 143
Rechter Winkel 133, 134, 135
Rechtwinkliges Dreieck 135
Rest 103, 104, 105, 106
Römische Zahlen 77
Runden 75 – 76, 78 – 80, 130

S

Säulendiagramm 78
Schaltjahr 120
Schaubild 78, 80
Schriftliche Addition 86 – 89, 112, 129
Schriftliche Division 103 – 105, 112, 129
Schriftliche Multiplikation 99 – 102, 112, 129
Schriftliche Subtraktion 91 – 98, 129
Sekunde (s) 120 – 121
Senkrechte, senkrecht 133, 134
Spiegelachse → Symmetrieachse
Stellenwerttafel 70
Strecke 133, 134, 147
Streifendiagramm 79
Strichrechnung 85
Stunde (h) 120 – 124
Subtrahend 81, 91
Subtraktion, subtrahieren 81, 83, 84, 90 – 98, 112, 129
Summand 81, 86
Summe 81, 86
Symmetrieachse 135, 143 – 144
Symmetrisch 143

T

Tabelle 78, 125
Tag 119 – 120
Tauschaufgabe 82
Tausender 68 – 69, 71, 76, 87
Teilbarkeitsregeln 106
Teilen → Division, dividieren
Teiler 82
Textaufgabe 125 – 132
Tonne 113 – 115, 118
Trapez 136, 144

Stichwörter Mathematik

U

Überschlagsrechnung 125, 130
Übertrag 87 – 89, 92 – 95, 96 – 98
Uhrzeit 122 – 123, 124
Umfang 137
Umkehraufgabe 83, 103 – 105, 125, 127
Umrechnen (Maßeinheiten)
→ umwandeln
Umwandeln (Maßeinheiten)
110 – 112, 114 – 115, 116,
121, 128
Ungerade Zahl 72
Unregelmäßiges Dreieck 135, 144

V

Vielfaches 81
Viereck 135, 136, 139
Viereckspyramide 139
Viertel 117
Viertelstunde 120
Vorgänger 71

W

Wahrscheinlichkeit 132
Walze → Zylinder
Woche 119 – 120
Würfel 138, 140, 141, 142
Würfelbau 141

Z

Zahlenstrahl 69
Zahlzerlegung 74

Zehner 68 – 69, 70, 71, 75, 78 – 80, 85, 87, 90, 94, 96, 99, 100, 101, 108
Zehnerübergang → Übertrag
Zehnerüberschreitung → Übertrag
Zehntausender 68 – 69, 76
Zeitdauer 124
Zeitpunkt 124
Zeitspanne 124
Zentimeter (cm) 109 – 111, 118, 134
Ziffer 72, 75
Zirkel 134
Zylinder 139, 141, 142

Gängige Schulschriften

Druckschrift

Aa Bb Cc Dd Ee Ff Gg
Hh Ii Jj Kk Ll Mm Nn
Oo Pp Qq Rr Ss Tt Uu
Vv Ww Xx Yy Zz

Grundschrift

Aa Bb Cc Dd Ee Ff Gg
Hh Ii Jj Kk Ll Mm Nn
Oo Pp Qq Rr Ss Tt Uu
Vv Ww Xx Yy Zz

www.die-grundschrift.de

Gängige Schulschriften

Vereinfachte Ausgangsschrift

Aa Bb Cc Dd Ee Ff Gg
Hh Ii Jj Kk Ll Mm Nn
Oo Pp Qq Rr Ss Tt Uu
Vv Ww Xx Yy Zz

Schulausgangsschrift

Aa Bb Cc Dd Ee Ff Gg
Hh Ii Jj Kk Ll Mm Nn
Oo Pp Qq Rr Ss Tt Uu
Vv Ww Xx Yy Zz

Gängige Schulschriften

Lateinische Ausgangsschrift

Aa Bb Cc Dd Ee Ff Gg
Hh Ii Jj Kk Ll Mm Nn
Oo Pp Qq Rr Ss Tt Uu
Vv Ww Xx Yy Zz